世界500强人力资源总监管理笔记

易 南 著

中国商业出版社

图书在版编目（CIP）数据

世界 500 强人力资源总监管理笔记／易南著．—北京：中国商业出版社，2018.3

ISBN 978-7-5208-0205-5

Ⅰ.①世… Ⅱ.①易… Ⅲ.①企业管理-人力资源管理 Ⅳ.①F272.92

中国版本图书馆 CIP 数据核字（2018）第 015847 号

责任编辑：姜丽君

中国商业出版社出版发行

010-63180647　www.c-cbook.com

（100053　北京广安门内报国寺 1 号）

新 华 书 店 经 销

北京军迪印刷有限公司印刷

* * *

787×1092 毫米　16 开　14 印张　230 千字

2018 年 6 月第 1 版　2018 年 6 月第 1 次印刷

定价：48.00 元

* * * *

（如有印装质量问题可更换）

前言：HR 成长启示录

HR，也就是人力资源，其重要性凸显在市场竞争的方方面面，尤其是在职场中。

人力资源管理有六大模块具体是指：人力资源规划、招聘与配置、培训与开发、绩效管理、薪酬福利管理、员工关系管理。

毫无疑问，人力资源（HR）是社会资源中至关重要的资源，也是能对企业产生重大影响的资源。人力资源一直都被国内外的专家、学者以及著名企业重视，其重要性可见一斑。在我看来，人力资源具体就是指在企业中，为提高工作效率，实现人力最优化而实行的科学配置。

人力资源的各大模块各有侧重而紧密相连。

就像食物链一样，无论哪个环节缺失，都会给整个生态系统带来影响。所以，HR工作就是一个有机的整体，每个环节的工作都要到位。人力资源工作不是死板的，很多时候都得根据不同情况，不断调整工作的重点，如此才能保证人力资源的良性运作。但人力资源工作又万变不离其宗，随着我国社会主义市场经济的快速发展，人力资源管理的作用也变得日益重要。我在国企工作了20年，深知企业能否健康发展很大程度上取决于员工的素质高低。如果一个企业对人力资源不重视，那这个企业一定走不远。

现如今，人力资源已经冲破了传统的劳动人事的束缚，企业也不再把人看成是一种技术要素，而是看作一种具有内在建设性的潜力因素。越来越多的企业意识到，人力就是让企业充满生机活力的特殊资源。

此外，现代企业不再严格地监督和控制人力，而是给他们创造各种条件，让他们的主观能动性能够更好地发挥出来。因此，员工也应当顺势而发，利用企业给予的环境优势创造出自己的一番天地来。

要知道，人才是科技的载体，不仅是科技的创造者，也是科技的运用者。如果说科学技术是第一生产力，那么人才就是生产力中的重要因素。企业创造一个良好的环境，是吸引人才的基本要求。而员工凭德才上岗、凭业绩算薪、按需要培训，则是为企业实现经济快速发展的回馈。

作者写本书的目的，也是希望企业人力资源能把吸引人、培养人、用好人作为目标，让员工能够挖掘潜力、激发活力，顺利发展自己的事业，在职场上站稳脚跟。

如果用一句话概括本书的内容，那就是教会各位如何做高管，学会控制人力资源的各个板块，如求职、面试、选拔、岗位培训、劳资关系、绩效考核、常态工作、企业文化和离职管理等。

由于本书的内容都是作者的亲身经历，再加上理论知识的糅合，因此会比专业性的教科书更易懂些。本书不会重复教科书上的内容，因为我想实实在在地分享一下个人的经验。我不想写办公室政治，也不想写职场八卦，亦没有太多的心灵鸡汤，我只想让各位知道应当如何做好人力资源工作。

人力资源不只是个部门，也不只是几个岗位，而是贯穿企业上下的工具。我向来认为，人力资源最专业的，就是把各种专业的知识点运用到实际中。

在我看来，激励就是现代企业人才资源开发的核心。人才资源的潜能能否发挥及能在多大程度上发挥，在一定程度上依赖于对人才的激励力度。

企业在人才引进、使用中应积极研究个人需求和制度对个人需求满足感的影响以及能产生各种激励作用的机制，最大限度地调动人才的积极性，最终实现企业经济发展与人才资源开发的双丰收。

希望成为主管的同仁们，或者是渴望找到感觉的职场人，就请跟我一起来领略一下不一样的人力资源，探讨一下不一样的管理技巧吧！

目 录

第一章 求职与职业规划 ……………………………………………… 1
 1. 准备好了吗？接受一份工作！ ……………………………………… 1
  一、态度决定一切 ………………………………………………… 2
  二、明确岗位职责，加强专业技能 ……………………………… 3
  三、尽心尽责，注重细节 ………………………………………… 4
 2. 职业定位，找对自己那把椅子 ……………………………………… 5
  一、行业定位 ……………………………………………………… 6
  二、职业定位 ……………………………………………………… 6
  三、公司定位 ……………………………………………………… 7
  四、城市定位 ……………………………………………………… 7
  五、情感定位 ……………………………………………………… 8
 3. 生涯规划，职业是半个人生 ………………………………………… 9
  一、职业愿景因素 ………………………………………………… 9
  二、兴趣因素 ……………………………………………………… 10
  三、性格因素 ……………………………………………………… 11
  四、专业技能因素 ………………………………………………… 11
  五、现实因素 ……………………………………………………… 11
 4. 跳槽可以成为一门艺术 ……………………………………………… 12
  一、对上份工作不感兴趣 ………………………………………… 13
  二、说前公司的坏话 ……………………………………………… 14

三、人际关系复杂 ·· 14
　　四、怀才不遇 ·· 15
　　五、工作压力太大 ·· 15

第二章　面　试 ·· 17

5. 面试攻略一：你的简历为什么会被扔进废纸篓? ·· 17
　　一、言辞不实 ·· 18
　　二、情况不详 ·· 19
　　三、目的不明 ·· 19
　　四、太过平庸 ·· 19

6. 面试攻略二：你能为面试官做些什么? ··· 21
　　一、HR为什么要雇用你? ·· 23
　　二、你有哪些优点? ·· 23
　　三、你有哪些不足? ·· 24
　　四、你以前的经验与现在的工作有什么联系? ·· 24
　　五、你为什么会选择我们? ·· 25

7. 面试攻略三：糟了，你不善于与人交流 ·· 26
　　一、不要伪装 ·· 27
　　二、用努力为自己加分 ·· 28
　　三、口头练习 ·· 28
　　四、运用技巧 ·· 29

8. 面试攻略四：自认是金子的你，在别人眼里可能只是沙子 ································ 30
　　一、高估自己会强化自我意识，提高自信 ·· 31
　　二、高估自己能给自己带来乐趣 ·· 31
　　三、高估自己能够给自己带来收益 ·· 32
　　四、高估自己是经验主义的积极反馈 ·· 32

第三章　招聘和选拔 ·· 34

9. 招聘的准备工作 ·· 34
　　一、社会招聘工作 ·· 36

二、校园招聘准备工作 …………………………………… 37
10. 理解招聘的意图 …………………………………………… 39
　　一、招聘的目的 …………………………………………… 39
　　二、招聘的意义 …………………………………………… 40
11. 常规招聘和人才培养 ……………………………………… 42
　　一、外部招聘的优点 ……………………………………… 43
　　二、外部招聘的缺点 ……………………………………… 43
　　三、内部招聘的优点 ……………………………………… 43
　　四、内部招聘的缺点 ……………………………………… 44
12. 人才的鉴别 ………………………………………………… 46
　　一、人才的类型 …………………………………………… 46
　　二、采用"相面法"正确识别评鉴人才 ………………… 47
　　三、人才评鉴中的注意点 ………………………………… 48
13. 面试的流程 ………………………………………………… 49
　　一、甲方的流程 …………………………………………… 49
　　二、乙方的流程 …………………………………………… 50
　　三、面试中的"ASTK"流程 …………………………… 51
14. 面试官的问题 ……………………………………………… 53
　　一、"请你自我介绍一下" ……………………………… 55
　　二、"谈谈你的家庭情况" ……………………………… 55
　　三、"你有什么业余爱好?" …………………………… 56
　　四、"你最崇拜谁?" …………………………………… 56
　　五、"你的座右铭是什么?" …………………………… 56
　　六、"谈谈你的优缺点" ………………………………… 56
　　七、"谈一谈你的一次失败经历" ……………………… 57
　　八、"你为什么选择我们公司?" ……………………… 57
　　九、"对这项工作,你有哪些可预见的困难?" ……… 57
　　十、"与上级意见不一时,你将怎么办?" …………… 57
　　十一、"我们为什么要录用你?" ……………………… 58
　　十二、"你缺乏经验,如何能胜任这项工作?" ……… 58

十三、"您在前一家公司的离职原因是什么？" ············· 58
　15. 特殊人才招聘 ············· 59
　　　一、"定" ············· 60
　　　二、"瞄" ············· 61
　　　三、"传" ············· 61
　　　四、"吸" ············· 62
　　　五、"选" ············· 62
　　　六、"留" ············· 63

第四章　岗位培训 ············· 64

　16. 培训的重要性 ············· 64
　　　一、员工培训是增强企业竞争力的有效途径 ············· 65
　　　二、员工培训可灌输企业文化、增强企业凝聚力 ············· 66
　　　三、员工培训是激励员工工作积极性的重要措施 ············· 66
　　　四、员工培训计划要有创新 ············· 67
　　　五、培训是企业给员工最好的福利 ············· 67
　17. 培训的潜规则 ············· 68
　　　一、虚假宣传 ············· 69
　　　二、证书夸大 ············· 70
　　　三、偷换概念 ············· 71
　18. 企业外训与企业内训 ············· 72
　　　一、内训和外训的区别 ············· 73
　　　二、企业内训的优缺点 ············· 73
　　　三、企业外训的优缺点 ············· 74
　19. 核心人员的培训 ············· 76
　　　一、培训核心员工的基本素质 ············· 77
　　　二、培训核心员工的执行力 ············· 78
　20. 企业与咨询公司的合作 ············· 80
　　　一、名气大、规模大的咨询公司并不一定适合你 ············· 82
　　　二、要找出自己企业最急需解决的营销难题 ············· 82

三、以内脑为主，以外脑为辅 ················· 83
　　四、长期合作才能实现双方效益最大化 ··········· 84

第五章　薪酬和劳资关系 ························· 85

21. 什么是薪酬 ······························· 85
　　一、职工薪酬 ······························ 86
　　二、"三项经费" ···························· 87
　　三、辞退福利 ······························ 87

22. 宽带工资的好处 ··························· 89
　　一、宽带薪酬的优势 ························ 90
　　二、传统薪酬结构的问题 ···················· 91
　　三、宽带薪酬制度的局限性 ·················· 91
　　四、实施宽带工资制度的条件 ················ 92

23. 岗位轮转 ································· 93
　　一、岗位轮转的四项原则 ···················· 94
　　二、岗位轮转的主要作用 ···················· 95
　　三、岗位轮转的误区 ························ 96
　　四、岗位轮转的类型 ························ 97

24. 法务 ····································· 98
　　一、法务该做什么 ·························· 98
　　二、法务的工作职责、流程和目标 ············ 99
　　三、法务能力检验 ························· 100
　　四、法务的工作内容 ······················· 100

第六章　常态工作 ····························· 102

25. HR 的主要工作是聊天 ····················· 102
　　一、HR 的聊天"问题" ····················· 102
　　二、运用肢体语言及面部语言 ··············· 103
　　三、HR 的沟通技巧 ························ 104
　　四、HR 的语言艺术 ························ 105

26. 人事档案的重要性 106
    一、档案管理的意义和任务 108
    二、职工档案管理中存在的主要问题 108
    三、加强职工档案管理的对策以及方法 109
    四、职工档案管理的发展趋势 110

27. 人事月报 111
    一、人事月报要如何写 111
    二、人事月报的内容你都写全了吗？ 112
    三、管理者的注意点 115

28. 鲇鱼效应 115
    一、"鲇鱼效应"的内涵 116
    二、"鲇鱼效应"的积极作用 116
    三、"鲇鱼效应"的消极作用 117
    四、"鲇鱼效应"人才的安身立命 118

29. 赏罚分明 119
    一、赏罚分明的注意事项 120
    二、企业如何做到赏罚分明 120
    三、企业进行赏罚制度的具体措施 121

30. 激励 123
    一、激励措施常见的负面影响 123
    二、正确的激励逻辑 124
    三、企业如何建立合理激励措施 124

31. 锯掉椅背 127
    一、克罗克"锯掉椅背" 127
    二、"锯掉"惰性的意义 128
    三、企业如何"锯掉椅背" 128
    四、世上没有一劳永逸的"椅背" 130

32. 做一些分外的工作 131
    一、为何要承担分外工作 131
    二、分外的工作是机遇 132

三、分外的工作让你成长 …………………………………… 134
33. 晋升的诀窍 …………………………………………………… 135
　　一、职场新人的晋升诀窍 …………………………………… 135
　　二、职场晋升必做事 ………………………………………… 137
　　三、晋升前的准备 …………………………………………… 138

第七章　绩效考核 …………………………………………………… 140

34. 不要为了考核而考核 ………………………………………… 140
　　一、传统绩效考核无法评定人才 …………………………… 142
　　二、传统绩效考核缺乏灵活性 ……………………………… 142
　　三、传统绩效考核不利于团队合作 ………………………… 143
35. 怎么样考核 …………………………………………………… 144
　　一、量化具体目标 …………………………………………… 145
　　二、精确考核项 ……………………………………………… 146
　　三、各部门制定绩效考核表 ………………………………… 147
　　四、绩效的跟踪和评定 ……………………………………… 148
36. 考核中的细节 ………………………………………………… 149
37. 关键人物的考核 ……………………………………………… 153
　　一、绩效评价与企业发展战略挂钩 ………………………… 154
　　二、长短期评价指标相结合 ………………………………… 155
　　三、绩效考核的公正性 ……………………………………… 155
38. 考核结果的提取 ……………………………………………… 157
　　一、发现工作中的问题 ……………………………………… 158
　　二、合理进行利益分配，施行赏罚举措 …………………… 159
　　三、员工能力鉴定 …………………………………………… 159
　　四、绩效改进和岗位调配 …………………………………… 160
39. 处理那些不合格的人 ………………………………………… 161

第八章　制度、组织和企业文化 …………………………………… 166

40. 法治与人治 …………………………………………………… 166

41. 授权 170
 一、授权对象的选定 171
 二、授权内容的确定 172
 三、授权方法的选取 173

42. 贯彻执行力 174

43. 梳理流程 178

44. 贯彻企业文化 181
 一、端正员工政治思想 183
 二、树立管理者的领导作用 184
 三、建立完善的薪酬体系 184
 四、搭建严格的制度规范 184
 五、长期稳定的建设步调 185

第九章　离职管理 186

45. 离职预警 186
 一、明确员工离职的原因 187
 二、评估核心员工离职的影响 188
 三、针对性制定解决方案 189

46. 如何裁员 190
 一、裁员前做足准备工作 192
 二、裁员过程的管控 194
 三、做好裁员后的安抚工作 194

47. 裁员面谈 194
 一、充分的前期准备 195
 二、面谈的地点和时间 196
 三、面谈过程中的必要内容 197
 四、安排离职前的工作交接 198

48. 离职事件的应对 199
 一、核心技术的泄露 200
 二、客户资源的流失 202

三、核心职位的空缺 …………………………………… 202
　　四、部门集体离职问题 ………………………………… 203
49. 开除员工的问题 ………………………………………… 203
　　一、充分的法律法规依据 ……………………………… 205
　　二、完善的规章制度体系 ……………………………… 205
　　三、明晰的行事程序流程 ……………………………… 206

第一章 求职与职业规划

1. 准备好了吗？接受一份工作！

引文：

　　一天，我跟人事部经理老张一起吃饭。他告诉我："你知道吗，其实来公司上班的人无外乎三种：人手、人才和人物。"

　　我表示愿闻其详。老张说："人手就是安排什么，你就做什么，你不安排他就绝对不做，等着下命令的人；人才就是每天都能发自内心地做事，能为公司操心的人；人物就是全身心投入到公司，用灵魂做事，一定要跟老板一起做一番事业的人。"

　　我点点头："人手斤斤计较，只能关注当下的得失；人才懂得眼光放远，创造价值；人物能够立足当下，着眼未来。企业做事靠人手，企业发展靠人才，企业做大只能靠人物。"

　　你属于哪种呢？

　　其实，道理人人都懂，但只有做起事来才能立分高下。每个企业都要求员工做事要尽职尽责，做人要尽力尽心。企业的要求其实很简单，但做起来却不那么容易。你会发现，你以后的高度跟你最初的心态是分不开的。

　　就像我刚才说的，有些人刚来公司就抱着跳板心理，打算学点东西就走。你可能以为领导不知道你的心思，其实你的心思早在平时的工作中体现出来了。

对于人手员工，企业也不会用心培养。我还记得一个年轻人来企业工作，三个月实习期满后，我让他交一份《转正工作总结》。因为对他面试时的印象还不错，所以我给了他一个建议——写满两页 A4 纸。

然而过了两天，他还是只写了个名字。我一开始以为是中国人特有的含蓄，不热衷于夸赞自己，但后来才发现，他是真没什么可写的。这也让我陷入了深思。

我们企业的员工到底有多少时间是花在工作上的？他们究竟了解自己的工作是什么吗？自己工作岗位存在的意义是什么，你做了什么，还需要做什么？

出于这种想法，我把关于工作的准备阶段，简单地分成三个方面谈一下：

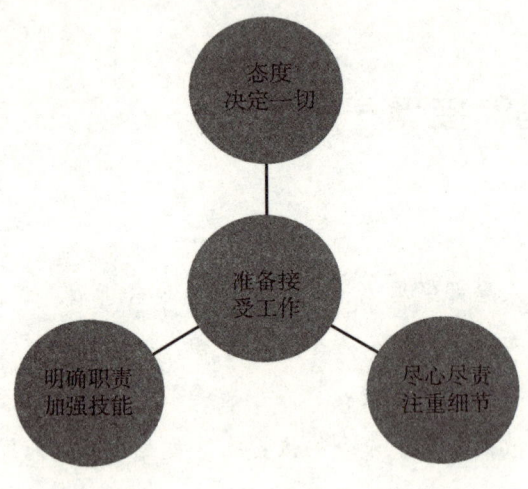

一、态度决定一切

恰如前国足总教练米卢的一句名言——态度决定一切。不管你是做什么工作的，最要紧的就是有个端正的态度。

首先要从认识方面提高自己。且不说人才与人物，单是作为一名普通的员工，也应当把眼前所做的每项工作都上升一个新高度。你的工作是每天必须面对、必须解决的问题，同时也是你在职场前进的铺路石，是达到人生目标的一个必要过程。如果连这个都要敷衍，那就难怪你在职场上一事无成了。

其次要有高度的责任感。不管是工作还是在生活，责任感都是对一个人的起码要求。如果一个人不具备这样的素质，那他的生活一定是碌碌无为的。

没有哪个企业愿意录用一个没有责任心的员工。当一个人沾染上懒散拖沓和得过且过的恶习，那么他们只能过"当一天和尚撞一天钟"的生活。当然，生活是残酷的，职场更是这样。这类人没有付出，也注定尝不到收获的喜悦。

最后，不管在哪里工作，都不要把自己当作外来人。公司就是自己开的，你要用老板的心态去工作。好的工作态度就是全力以赴，不留余地。

有些人不想当老黄牛，觉得自己是千里马，在职场走不顺只是因为没有遇到伯乐。可你不拿出老黄牛的态度来，领导怎么识别你是不是千里马呢？或许只有老黄牛才能慢慢变成千里良驹。虽然跨物种有点难，但你必须要这样做。

二、明确岗位职责，加强专业技能

明确职责，强化技能，这是做一份工作最基本的要求，但这句话却没有字面上的理解那么简单。

首先你得明确自己的职责。职责不是让你简简单单地了解一下自己的工作岗位，这种一知半解是没有用的。你不仅应知道自己要做什么，还应知道怎样做才能做得更好。

就比如公司里的内审，其工作岗位的意义就在于减少因内部管理而导致的经营风险。但除此之外，内审需要做的还有很多，比如了解现行的管理制度和企业架构，查看企业是否存在人员冗杂情况，是否有缺少的工作内容和工作环节，是否有更适合企业的管理方法等。这些都是明确职责的具体体现。

其次要始终如一。对于领导交待的工作，不能愿意干的就干、不愿意干的就找借口搪塞，更不能做到一半，发现做不下去了就撂挑子。责任心和能力一样重要。

我在国企这么多年，得出的经验就是要不卑不亢。做不好就提前说，但是要尽力做；自己答应的事情，要做到自己能做到的最好；有异议别憋着，该说就大声说，有想法就大方提出来，该沉下脸就要沉下脸。

最后要加强学习，让知识和能力不断更新。现在的时代节奏过快，如果只一味用去年的知识解决今年的问题，就不可能在工作上进步。

现在很多企业都热衷于团队意识，但我也热衷于专业主义。我希望我的员工能多思考，多准备，多练习。我希望我的员工能有很强的气场，不会在关键时刻不知道说什么。如果我的要求是1，那么我希望他们能达到1，同时更希望他们有能力做到1以上。

三、尽心尽责，注重细节

天下大事，必做于细。不管是个人还是企业，不管是国家还是民族，不管你口号喊得多响亮，最终都要落到实际行动上。

事要从点滴做起，从细节着眼。工作无小事，你遇到的每一件事都是大事。固守自己的本分和岗位，就是做出了最好的贡献。企业要求每个人都能各就各位、各司其职，扮演好自己的角色，只有这样才能承担起一份共同的责任。

尽心尽力是最基本的要求之一。心是你的态度，力是你的行动力。只有态度而不行动，或是勉强行动但态度不佳，都不能让你在职场上大放异彩。尽自己可能，没有抱怨完成好自己的工作，对企业尽心尽力，对事业尽心尽力，这才是一个员工应有的行为。

当然，在企业里，比尽心尽力更高一级的是尽职尽责。

这是一个质的飞跃，因为一杯水烧到99℃仍然不算是开水，充其量是杯温水，其价值不能与开水相提并论。但若再添一把火，于99℃的基础上再升高1℃，就会产生大量的水蒸气，水蒸气可以用来发动机器，从而获得巨大的动力和经济价值。

在职场上，即便你完成了99%的工作，也不能算你的工作圆满结束了。我在国企工作了20年，见过太多因为"差一点"而让整个项目付诸东流的例子。只有尽心、尽力、尽责，才能把工作做到尽善尽美。

在职场中，尽心尽力就是为了把工作顺利完成。这样的员工在工作中懂得上进，对于他们来说，没有最好，只有更好；而尽职尽责则是表达这样一种信念：我做得还不够好，一切都可以做得更好，他们能为了精益求精，产生对完美永无止境的追求。

责任和心态是没有界限的，是广阔无边的。只有怀抱着尽心尽力尽责的态度去工作，才能让你的职场之路越走越宽。

2. 职业定位，找对自己那把椅子

引文：
　　今天有新人面试，恰好是老张负责，我也去现场转了一圈。只见一个腼腆的年轻人，来面试我们企业的销售岗位。老张提了几个问题，年轻人支支吾吾地还没说完，老张就阴沉着脸送了客。

　　面试完，老张一脸疲惫地对我说："现在的年轻人越来越找不准自己的定位了。明明不是这块料，却非要来报这个名。"

其实，对于老张提到的现象，我也持一种理解的态度，毕竟有些岗位的薪资更高、工作更轻松。但如果像我在引文中提到的那样，自己明明表达能力不行，性格又腼腆，即便是做了销售，又能取得什么样的业绩呢？

出于这种考虑，我决定在此模块中重点讲解一下职业定位。

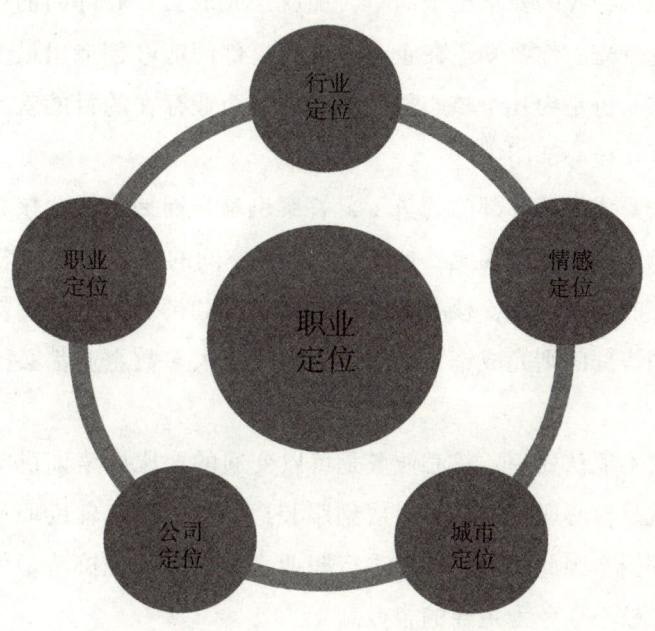

一、行业定位

我见过很多大学应届毕业生，毕业一年不到就已经换了三四个行业。这就犯了选择行业的大忌，因为频繁的工作变动是达不到预期效果的。

俗话说得好，隔行如隔山，每个行业都有自身的特质。如果你漫无目的地更换行业，肯定获取不到什么结果，如此一来又何谈人生的成功？很多人问我，在求职前应当如何确定将要进入的行业。我只说一条，那就是选择具有长远发展的行业。

很多年轻人在毕业后都会选择吃"青春饭"，因为吃"青春饭"的行业薪资都比较高，但你不能只图一时的收获而忽略了长远的发展。

在选择行业时，如果该行业发展迅速，你的收入也会水涨船高，精神满足感也会逐渐增强，让你发自内心地喜欢这个行业。一个人如果不热爱一个行业，内心缺乏持久的动力，那他就很难获得长远发展。

要知道，没有夕阳的行业，只有夕阳的思维。

二、职业定位

关于职业定位，我的要求也很简单，那就是先成为核心部门的员工，再成为核心部门的核心。首先，你要知道在企业里面哪个部门能够创造出最多的利润。其他部门的工作再忙，也是为几个核心部门服务的，企业存在的目的就是获得利润，而利润大多都蕴含在核心部门中。

至于为什么要成为核心部门的员工，答案也是显而易见的。核心部门的员工能够给企业创造最多的价值，因此，他工资和提升空间的机会也就自然增多。

就拿我所在的国企来说，核心部门就是培训部和销售部。培训部为学员和投资商提供课程，销售部门则完成销售工作，这也是绝大多数企业都必不可少的核心部门。

当然，大家不能认死理，核心业务是可以变通的。比如培训讲师这一职位，在我们这家国企就是核心职位，但如果放到服装厂就只能属于辅助职业，因为服装厂的核心是设计部门。因此，求职者在进行职业定位时应当先搞清楚你所要进入的企业到底是以什么核心业务为主导的企业。

再有一点建议就是发挥自己的专长。很多求职者都有这样一个思想误区——自己学什么专业就要从事什么工作。这其实是不正确的，从全球范围来看，有六成以上的人都没有从事自己所学专业的工作。

要记住，专业只是你的学业称号，而并不是你的实际专长。所谓专长，就是指你比其他人突出的地方，这也是你求职的亮点。比如一个计算机专业的学员，口才比大家都优秀，他在毕业后没有选择IT工作，而是去当了一名保险员。没过两年，他就因为业绩优秀而被提拔为部长，还做了保险公司的资深讲师。

没有哪个成功者做的是自己不喜欢的行业。所以说，你的职业定位一定要跟自己的专长相吻合。拿出你的热情和勤劳，投入到你喜欢的事业上吧，或者努力把手头上的工作则发展成一门专长。如此一来，你肯定会走上成长的快车道。

三、公司定位

关于公司定位，主要是分析不同公司的优缺点。

比如政府事业单位，其优点是社会认知高，有稳定的发展环境，收入增加有规律；缺点则是过于稳定，发展路线过于规律，需要很强的人际交往能力。而外企的优点是薪资高，工作环境优美，福利完善；缺点是晋升困难，很难进入公司的管理层。我所在的企业是国企，其特点融合了政府事业单位以及外资企业的优缺点。

此外，还有灵活自由但不够稳定的私营企业，以及成功后收益高，但风险极大的自创业。这就涉及求职者究竟是喜欢工作稳定，还是喜欢自主激情；是喜欢生活规律，还是喜欢挑战性强的问题了。

当然，求职者公司定位非常重要，但也并非是你想去哪儿就能去哪儿的。你的一切选择，都要建立在自我能力的基础之上。我在求职时，就已经打算在国有企业打拼，我喜欢稳定的工作环境，也喜欢有竞争和探索性的新鲜感。

就我自身而言，我是一个喜欢自由的人，但作为一名女性，稳定的工作环境也是我追求的目标。我首先排除了过于稳定的政府事业单位；因为英语不是很好，所以外企也被我排除掉了；而创业的风险则过大。综上所述，我最终把公司定位选择在了国有企业上。

四、城市定位

城市定位很好理解。归根结底，你对职业的选择会影响到你的生活方式。所以，你应该做的就是确定你想要的生活方式。你想要什么样的生活方式，就选择什么样的城市。如果你接受不了大城市的快节奏，那就不要强迫自己在大城市打拼；如果你觉得小城市施展不了自己的才华，那么不妨去大城市闯一闯。

另外一点，对于城市选择，一定要出于自己的真心。就像应届生毕业后，很多人都为自己的去留苦恼不已。对于这种情况，我的建议是多问自己几个"为什么"，再多问自己几个"凭什么"。

"为什么"是指你为什么选择这个城市，"凭什么"则是指你在这个城市究竟有没有能力留下来。就拿我来说吧，在毕业的时候，我身边的很多人都喜欢大城市，于是纷纷跑去北上广"漂"。但人过去了，不代表就有去大城市生活和工作的能力。

也有很多人，本来有去大城市发展的能力，却因为追求稳定或者其他原因而选择了在中小城市安安稳稳度过一生；此外，还有一些人选择乡镇农村作为自己公务员的跳板。其实，不管是大城市还是小乡村，定位在哪里都没有错，关键要看适合不适合自己。

我在大学毕业的时候十分向往大城市，上海和北京自然成为我的首选。我觉得自己在那里发展的空间大，能力也会得到提升。但是考虑到自己的人脉资源都在老家，所以在老家这边找了份国企的工作。但重要的是，我虽然人留在了小城市，但心却跟上了北上广的发展步伐，这才是最重要的。

五、情感定位

不管是谁，在求职中都无可避免地会受到"家庭、恋人、朋友"这三种影响。对于我这一代人来说，父母希望孩子有一份稳定的工作；恋人希望维持家庭感情，避免异地分居；朋友们都在为事业奋斗，我不能被落下……总之，这三者都会或多或少地影响到你的职业定位。

那么，求职者应当怎样处理这三者之间的微妙关系呢，到底应当以哪边为重点呢？我的建议是"追寻你的本心"，多听听自己内心真正想要的是什么。

在寻找工作的过程中，求职者必然会遇到不同的声音。碰到这种情况，不要草率地做决定，也不要因为别人而做决定，而是要耐心地向大家说清楚你的想法，让大家理解你。同时为了你的选择而努力付出，你一定会有一个最好的职业发展。

选择比努力更重要，这句话不是我说的，但却是我信奉的。我身边所有的高管都在对后辈讲这个真理。说到底，职业选择就是一个自我定位的过程。在这里，我也衷心希望求职者们能够走出迷茫，走向人生事业发展的快车道。

3. 生涯规划，职业是半个人生

引文：

  今天高管开会，谈到了新员工的转正问题，以及某位员工的晋升问题。

  关于这名即将晋升的员工我也有所耳闻，他来单位才五年时间，但却已经积攒了不少人脉关系。单从他没有靠裙带关系就走到今天这一步，我们也是对他充满着期待的。

  对于这名要晋升的员工，大领导也毫不吝惜自己的夸赞："这个年轻人有能力，有活力，眼光也很长远，重要的是他懂得自己想要什么。我希望在场的各位都能带一带他，让他尽快适应管理阶层的工作。"

  有很多职场的老员工都不懂什么叫职业规划。我手下有不少年纪比我还大的资深老员工，但是他们在职场上摸爬滚打了一辈子却还是个小职员，个中原因也是很值得探究的。关于这一模块，我给出了五点因素分析：

"职业生涯规划"展示　评分表　班级_____　评委_____

组别	姓名	自我分析	环境分析	职业分析	计划方案	个人表现	总评分
1							
2							

一、职业愿景因素

  在你的职业生涯开始时就必须要想明白，你的职业愿景究竟是什么，你在职场上追求的东西是什么，你想成为什么样的人，你想过一种什么样的生活，不要觉得这些问题简单而可笑，正是不断进行思考、不断给自己设立远景目标，才驱使着人们在职场上不断前进。

目标的丧失就意味着追求的丧失；追求的丧失就意味着人们失去了奋斗的动力；没有奋斗的动力，就会造成生活的止步不前，心态的逐渐失衡；心态失衡后，又会让事业进一步恶化。

作为一名职场人，如果没有职业远景，就意味着无法围绕一个目标去构建自己的知识体系，就无法打造核心竞争力。这也是很多人已到中年却事业无成的原因。基于你内心的追求而建立起来的职业发展目标，对你的职业生涯起着决定性的影响作用。

职业愿景是将希望基于当前的岗位为发展基点，看你渴求在后续能发展到什么职位。

比如前台的工作人员，可以把自己职业愿景作为行政经理；销售人员可以把自己的职业愿景设置为销售总监；出纳可以把自己职业愿景设置为财务总监。

除此之外，企业也会有企业愿景。比如没上市的企业会把企业愿景设置为上市企业，没到国内500强的企业会把愿景设置为世界500强等等。良好的职业愿景，是你职业生涯顺利向前的重要保证。

二、兴趣因素

兴趣因素想必不用我多谈。俗话说"干一行，爱一行"，但事实却是"爱一行，才能干一行"。如果你每天都活在巨大的厌恶和排斥中，也不会有多大晋升的渴望。

因此，这些问题就很重要了：你的兴趣是什么；是喜欢与人打交道，还是喜欢与物打交道；是喜欢发号施令制定计划，还是喜欢不操心的执行计划；喜欢挑战自己，还是更喜欢安稳度日；这些问题的答案会引领你更好地规划自己的职场生涯。

有一条我要特别提醒各位：传统的生涯理论观点都认为，兴趣就是工作选择的第一标准。但实验和实践都显示兴趣并不能作为标准，只能作为你的成就动机。

要知道，工作带给人们的绝不只有物质收入，而是有更深一层的、属于心灵上的满足和乐趣。一个普通的成年人，其工作时间要比任何时间都长。如果对工作失去兴趣，就意味着你人生大部分的时间都是敷衍着过的。如此一来又谈何职业规划？

对于职场员工来说，如果从事的是你有兴趣的活动也可以从中获利，但如果工作本身没办法给你带来成就感，让你觉得没有意义，那这工作也难以持久投入。因此，把注意力转移到兴趣培养上来，对于成功的职业生涯也是至关重要的事。只有在兴趣与成就动机合二为一的情况下，才是最理想化的一种选择。

三、性格因素

现如今，很多企业都把员工的性格因素作为一项重要考核指标。这也就要求职场人知道，自己的性格究竟是什么类型的，到底适合什么样的工作？

美国著名人力资源顾问罗杰·安德生经过研究发现：有9成以上的成功人士，其成功都是因为他们从事的职业和自己的性格相适应。换句话说，失败者们很难在与自己性格不合的领域获得成功。

其实，每个人都有自己的性格，每一种性格都有其擅长的职业。有的人擅长做销售，有的人擅长归纳，有的人擅长编程，有的人擅长采购。无论是哪种性格，你都应当接受它，并且按照这种性格来寻找适合自己的职业。

可遗憾的是，这世界上有一半的人目前正在从事与自己的性格截然相反的职业。找对与性格契合的职业，那么成功就会变得很容易。因此，认清自己的性格是非常重要的一步。

四、专业技能因素

专业技能又被称作工作技能。从这方面因素来说，你现在能够掌握的能力就是专业技能，比如文字处理能力、数据分析能力、口才表达能力等等。你需要了解自己的优势特长在哪里，并且要搞清楚，这些能力里有哪些是可以迁移的能力。

你需要经常问自己，你的能力具备上升的资格吗？如果答案是否定的，你就应当寻找原因——到底是哪一项能力不具备，又应该如何弥补，或者通过什么样的方式进行弥补。

自学、培训、考研和其他方式都是提升能力的一种，但一定要结合自己的实际情况选择最优化的知识储备方案。

五、现实因素

现实因素是个很大的模块，其中囊括了地域因素、行业因素、公司因素、职业发展远景等。你的生涯方向规划得是否合理，第一检验标准就是现实性因素。

要知道，我国的经济发展不平衡，企业分布和职位分布的变化也非常大。比如东部和西部、沿海和内陆等。有些工作只有一线大城市才有，而如果离开一线城市则很难找到相应的发展机会。

此外，即便是同样的职业，在经济发展不同的城市，其发展的前景和受重视程度也不能同日而语。就算在同一个城市、同一个行业，不同的公司也有不同的经营模式，这些都会对职业的发展造成影响。比如我有个朋友在医药行业做销售总监。药店渠道的销售和医院渠道的销售是两个完全不同的方向，对能力素质的要求也有着很大区别。

所有这些现实问题都要考虑到。如果不考虑，生涯规划只能是纸上谈兵，无法真正落到实处。将以上五点因素综合起来思考，相信你就会对自己的职业生涯规划有一个大致的答案了，只有站在自身角度进行自我规划的考虑，才是一个聪明的职场人应该懂的事情。

4. 跳槽可以成为一门艺术

引文：

　　单位大领导开会，专门讲了员工的跳槽问题。今年有不少年轻员工都签了辞职单，理由也是各种各样的。我大概扫了一眼，有说单位离家远的，有说薪资过低的，也有说自己不适合这份工作的。

　　对于这些理由，我不置可否，但是我会心平气和地如实填写员工的单位表现。遇到跳槽理由好的，我在员工表现里也会多润色几笔，希望他能在新单位有个好发展。

HR关注求职者的跳槽理由其实很简单，因为我们作为本企业的人，会担心求职者的个人能力和个人心态没有达到一定高度。很多求职者选择跳槽，是因为在现实的工作条件中产生了逃避的想法和行动。因此，我们会重点淘汰掉这部分求职者。如果求职者本身没有真正意识到自身所存在的问题，那么同样的情况很可能会在本企业再次上演。当然，有不少人离职的根本原因在于企业，却又千方百计地掩盖其离职原因，反而会让HR误判为有诚信问题，从而丧失掉机会。所以，雇佣双方的眼光都需要放得更长远一些。

对此，我在下面列出几点求职者的跳槽原因，以及身为HR的我对于这些理由

的看法:

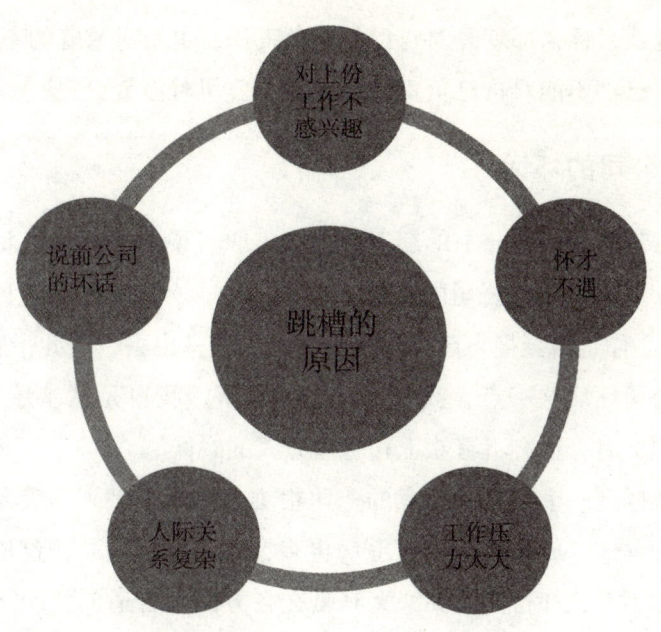

一、对上份工作不感兴趣

我个人认为,作为一名HR,以对上份工作不感兴趣为由而辞职是我不能接受的离职理由。因为在求职者投递简历之前,肯定会从招聘信息或其他途径上了解到自己将要接触的工作内容和工作职责。我完全可以这样说:

你是在对这份工作感兴趣的前提下,才会去用人单位投简历的;而HR在看到你的简历后,觉得你符合单位的要求,于是给了你面试机会。求职者和HR在面试后,谈妥薪资,觉得彼此都满意,才会建立起劳动关系。

对于给出对上份工作不感兴趣这个理由的求职者,我只想问:当初你投递简历、面试,包括在试用期的时候,你在干什么?

不仅是我,大部分HR都会对这个跳槽理由十分反感。因为这个理由恰好暴露出你没有职业规划,也从来没有考虑过什么才是适合自己的岗位。你不知道自己的优势和劣势在哪里,甚根本就不了解自己。

如果你的跳槽理由是这样,那么即便面试的时候各项条件都不错,但传达给我们的信息就是:你这个人盲目、不稳定,没有什么发展前途。这就会引发一系列恶性循环,让你失去工作。

虽然工作不是生活的全部内容，但却是人生中不可或缺的组成部分。如果不能确定自己的职业或目标，那就是对自己的不负责任，也是对家庭的不负责任。

如果连你自己都不能对自己负责，那么何谈公司对你负责呢？

二、说前公司的坏话

这一条很好理解，大部分HR都不喜欢听求职者说前公司的坏话，而且，求职者也不该透露太多关于上家公司的信息。你这样做，会让HR有一种保护商业机密的心情。HR担心你走后会把自己公司的情况再次透露出去，因此干脆不会留用你。

对于说前公司坏话这一点，我也不是不能理解。我也是从基层做到高管层的，当我还是个小职员时，也有不喜欢上司管理方式的时候。

在职场中，碰到一个合自己心意的上司很难。你尚未做到高管层时，就只能适应你上司的管理模式。就算你的上司毛病再多，只要你肯用心，都能磨合成功。最怕的就是你能力不够，却自命清高，尤其是在各方面都合适的情况下只因为一个理由就辞职，这有些太轻率了。

要知道，不同企业的文化背景和经营理念都不一样，即便是你不喜欢前公司的文化也不要对前公司发表诋毁性言论。同样，即便你不能认同领导的管理风格，甚至很讨厌你的前领导，也不应该在下一次面试时把所有责任都贸然推到领导身上。

你不喜欢公司和领导，不代表这家公司或领导不好，只是你不能适应它。如果你因为不适应就去诽谤它，那就说明你的职业操守有问题。身为HR，我们当然认为这样的求职人不能录取。

在这里，我要给各位求职者一个建议：凡事先从自己身上找问题，特别是在面试的时候。HR更青睐于职业风度高尚的求职者。在此，我也希望求职者都能更多些理性。

三、人际关系复杂

我很不理解，有些求职者对我说前公司的"人际关系复杂"。"人际关系复杂"说明了什么问题呢？你是想说前公司的管理有问题，还是想说你的同事都有问题？

在我看来，人际关系其实是个人原因，为什么别人都感到不复杂，都能在公司里做，偏偏就你事多？你在前公司不能和谐共处，来我们企业想必也不会做得太久。

"人际关系复杂"这个理由看似很有理，但在HR那里却是没有任何说服力的。

"人际关系复杂",说白了就是你自我感觉良好,觉得"众人皆醉我独醒",可在别人眼里,你只占了一个"独"字。

俗话说得好,有人的地方就有江湖。所以,有人的地方就会有人际关系。入职后,你必须掌握的就是适应能力和协作能力。现在哪里还有单打独斗的企业呢?公司都讲求团队协作,国企更是如此,如果你连人际关系都处理不好,那么HR也会担心你影响到整个团队的工作氛围。

四、怀才不遇

当我面试求职者时,有不少人都是这样跟我说的——"我做了很多工作,也做出了很多成绩,但是领导都没看见。""我真的很有本事,但怀才不遇,老被安排我去做打杂的工作,领导不是我的伯乐。"

其实,这种跳槽理由在我看来跟矫情根本就没什么两样,说得不好听则属于被害妄想症。觉得"怀才不遇"的人,大概是所有跳槽者中最"委屈"的类型,但这种类型恰恰被HR看成是推卸责任、态度消极的人。

因为大部分"怀才不遇"的求职者都只是在孤芳自赏罢了,这类人自我陶醉,好高骛远,不能正确认识自己的能力,不能正确认识自己的不足。看不到自己的缺点,还谈什么发展?说白了,就是因为他自己的失误才导致的失败。

首先,你对自己应有个客观评价:你到底"怀"了哪些"才"。其次,你还要知道,你所谓的"才"能不能给你的工作带来效益。再次,你真的在工作中表现出了你的"才"了吗。如果你不好意思表现,那么就别怪领导看不到,他没必要死盯着你一个人,看你到底有没有"才"。最后,公司的绩效考核不可能忽视一个真正有才的人。即便你真的有才,也没有用对地方。

真正的有才之人会通过其他方式和工作内容将它展现出来。因此,"只能说怀才不遇"这个跳槽理由,从另一层面来解读就是情商很低。

五、工作压力太大

对于这个理由,我也只能表示服气了。我只想说一句:现在哪有压力小的工作,请介绍给我。如果压力一大你就想跳槽,那么干脆不要来我们企业发展了,我们不能保证一点压力都不给你,毕竟我们是国企,而不是养老院!

我知道,有不少职场人都觉得工作量大,而且常常会加班,自己付出的努力和得到的薪资成不了正比，这些都会让职场人很委屈。

但是你要问问自己：你是凡事都要事必躬亲吗？部门里的事情都是你一个人完成的吗？其他部门的事你也都在做？同事让你帮忙做事，你不会说"不"吗？如果以上回答都是"是"，那我只能说，你只会闷头做事，而不懂管理的艺术。

当然，站在一名HR的角度看，我希望每名求职者都能诚实坦荡，这样有利于我挑选到最合适的员工。但是，现在的面试场早已变成了博弈场。面对心仪的工作，求职者应当抓住机遇，巧用心思，征服HR的心。

我给各位一条面试中最常见的跳槽理由：在原单位没有办法获得自己应有的成长空间。

因为这种成长空间可以是薪资上的成长，也可以是职位上的成长。对于HR来说，求职者的这种跳槽理由不但可以得到理解，还能让HR感觉到你有上进心。

第二章 面 试

5. 面试攻略一：你的简历为什么会被扔进废纸篓？

引文：

  我面试过一个女孩，她是大学刚毕业的学生。在一堆简历中，我一眼就看中了她的简历。相比于其他应届生，她的简历其实并不出彩，但却吸引了我的目光。

  前面的很多份简历都犯了一个毛病——为了让自己的简历更"丰满"，他们把大学上过的课程都当作一门技巧写在简历上，满篇文字，但能用的东西却很少。作为一名 HR，我也没有太多经历仔细甄别简历的真实与否。

  而她的简历却很整洁，必要的信息填好后，在经历上只写了一段话："艰苦坚实，诚信承诺……"这是我们企业的企业文化，正是这份用心的准备让我在无数简历中选择了她。

很多应届生，包括一些老职场人，都有这样一种疑惑：我的简历怎么投出去就石沉大海了？因为遇到这类情况的求职者不少，所以我在此模块中给出几个具体原因——

面 试 表

面试职位		姓名		年龄		面试编号	
居住地				联系方式			
时间		毕业学校				专业	
学历		期望月薪				专 长	
工作经历							

问题	回答	评价(分数)				
1		5	4	3	2	1
		理由				
2		5	4	3	2	1
		理由				
3		5	4	3	2	1
		理由				
综合议价(分数) A B C D E	考官评语	分数总计				

一、言辞不实

为了找一份合意的工作,很多人都会在简历上刻意润色一番。但润色即可,却无须说谎。事实上,言辞不实也是我所见到的诸多简历中最为严重的问题。HR 都很清楚标准的工作范围,也能识破你究竟夸大了什么。

此外,HR 也能用推荐书或背景资料核查你递交的资料。即便你只撒了个小谎,也不难给 HR 逮着,继而名声完全败坏。所以,各位求职者一定要谨记,在递交的简历中不要说太多的谎话。

如果你想做一份出彩的、符合公司要求的简历,倒不如写出自己能为公司做些什么。就算你渴求这份工作，也不要夸大其词，要如实说出重要的经验、技能、兴趣、态度及处事方式等。这样才算一份合格的简历。

二、情况不详

这里的情况不详，指的是你的简历中没有给出自己的详细信息。

要知道，如果你只在简历中填上名字、性别、出生年月、渴望薪资，而不对自己做出介绍的话，就像是在大叫："让本王听听，你们能给我什么？"这样的简历当然不会被 HR 留下。因为它只会让人觉得你半点创意都没有，而且做事敷衍，HR 只要从简历的撰写方面就能对你的态度略知一二。

求职者们一定要记住这点：HR 需要在你的简历里看到"你能给公司带去什么？"因此，求职者应当展示给 HR 者你有什么价值。完美的简历，就是让你把自己最好的一面展现在 HR 面前，这也是显示你资历的一种才能。

三、目的不明

我看过不少简历，其中有一部分让我根本就不明白他们想表达什么。我知道，要准备一份完美的简历总会花上一番工夫，因为好简历本来就是要经过多番修改才能大功告成的。

很多求职者都会在网上寻找各种样本，尤其会抄写求职专家那些流畅的样本。这样的行为无非是想能够快点完成简历，多简单！可是不要忘记了，在你节省力气的同时，你交出去的简历却不是真正属于你的。

如果不能展现出你想要的是什么，不管你的简历书写得有多华丽，都不能为你带去 HR 的青睐。因为那些简历只是在说别人的经历，而并不是你的。你没有在简历中讲述关于自己的事，对于自己的技能和想法也没有加以体现。HR 不知道你想在公司中得到什么，也不知道你能给公司带来什么，当然不会选中你的简历。

四、太过平庸

这些简历往往是刚毕业，没什么工作经验的大学生写出来的。对于这部分求职者来说，大部分人撰写的简历都很普通。

大部分求职者的简历只包含这样一个信息：我以前没有经历和经验，我只能告诉你我是谁、我是从哪儿来的。这当然不是你推销自己的最好办法，但却有99%的简历都是这样写的。所以大部分求职者在简历上都吃了用人单位的第一份"闭门羹"。

这种毫不突出的标准简历常常会让HR产生疲劳感，会把你理解成平庸的求职者。如果你没有在简历中显示出你的有心或能力，那么这种平庸的简历最终只会被扔进废纸箱。

那么，求职者会问了：怎样才能做出一份吸引人的简历呢？我记得市场上有这样一句老话：在希望有人买你的产品之前，要先给顾客看看你产品的样品。这里所说的样品，就是你给潜在的顾客们下饵，让他们试用了样品后能更多地购买产品。在这里，最重要的事就是让顾客知道你的产品到底有多好。

同样，这一点也适合放在你的简历中。求职者应当给用人单位一点"诱饵"，在简历中展示你究竟能为他们做些什么。这样能够引起HR的注意力，同时还能够证明你的能力可以胜任这份工作，而不是得到这份工作。

那么，我既然给求职者列出了简历的缺点，当然也会告诉各位应当如何在简历中给用人单位加进属于你的东西。

首先，你必须明确这一点：在你的能力范围内，哪些工作经验和技能对用人公司有利。不要总想着你有什么技能，要想一想，你会用这些技能给公司做出什么样的成绩。在简历中要注意这样一个小技巧：而是不要说你帮你过去的老板做了什么，因为这不能代表你可以帮助以后的老板做什么。因此，你必须要在简历中证明：这是我能够为你做的。

要做到这一点的前提，就是你必须明白用人单位需要什么，也就意味着你必须做了这样的准备工作——知道他的公司存在什么问题，以及正面临怎样的挑战。

这样的调查很简单，做一些同行业公司的问题调查，同一行业的公司往往面临着同样的问题。你可以从网上查看，或者通过部分行业刊物来搜索，有条件的还可以同从事这一行业的职员谈一谈。

只要你用心地挖掘就会发现，你想知道的信息都能被找到。现在就让我们回到你的过去，回顾一下你取得了哪些成就、运用过哪些技能。把你所有的闪光点都写下来，再想一想，你是如何用这些闪光点帮助公司成功的。最后再想一想，你该如何把自己的技能运用到你的新公司。

你还可以给自己的简历加一块模板，题目是：我的价值。并且把这个板块放在你简历最明显的地方，最好是紧挨着你的名字。在这个板块里不要说得太多，三四句即可，用简明扼要的文字来表明你的价值。

关于价值模板，我给各位举一些好的例子，比如"我能为公司和工厂谈判，取得更低的价格，降低公司的开支""我能给公司带来即时的程序，以提高工作效率。这项技术能帮助公司更准确地把握客户的心态。"

我这里还有一些比较糟糕的价值模板，希望求职者能够在简历中加以避免。比如"我是一个踏实肯干的管理专家，能帮助贵公司提高工作效率"，这个模板的问题就在于太过笼统，你需要给出更细节的东西来打动公司。还有这种——"我能给公司带来巨大的贡献。"这个模板的错误之处就在于概括性太强，没有涉及专门的问题。

还是那句话，你简历的感人程度就是你对用人公司的了解程度。你需要让 HR 明白这一点：你知道这个上司到底需要什么样的帮助，而你的能力又恰好适合于你应聘的工作。

要知道，求职本来就耗时间，就看你把时间用到了必要的研究上，还是浪费在了给成百上千家公司寄简历，然后等他们的电话上。如果你的简历能让 HR 眼前一亮，你就会成为招聘者眼中的"明珠"。

6. 面试攻略二：你能为面试官做些什么？

引文：

笔试过后，我们单位留下了两个年轻人。这两个年轻人是笔试的前两名，恰巧还是同一所大学的前后辈。

是我负责的面试部分。我照例说道："你们的能力都很优秀，而我想知道，你们入职之后，能为公司做些什么。"这是很多面试官都会问的问题。

第一个年轻人说道："在加入公司后，我会尽我所能，完成公司下达的任务！"

第二个年轻人说道："在我看来，个人能力是有限的。所以，我会先融入到这个大团队中，利用自己所学，在团队中取长补短，共同协作，和公司一起挑战自己，超越自己。"

当然，我录取了第二个。

求职者在面试前需要对 HR 的问题有个大致了解，并且练习几个很难的问题，就像我在引文中提到的问题。如果提前进行预估，就会对你的回答有所帮助，也让你对其他问题有所准备，因为有些题会成为回答其他问题的基础。

在这一模块中，我对面试官喜欢的几个问题做一个分析，也让求职者知道自己能为面试官做些什么：

面谈记录表

姓　名			应征项目		
用表提要	请主持面谈人员，就适当之格内划√，无法判断时，请免打√。				
评分项目	配　分				
	5	4	3	2	1
仪容　礼貌　精神 态度　整洁　衣着	极 佳	佳	平 实	略 差	极 差
体格、健康	极 佳	佳	普 通	稍 差	极 差
领悟、反应	特 强	优 秀	平 平	稍 慢	极 劣
对其工作各方面及有关事项的了解	充分了解	很了解	尚了解	部分了解	极少了解
所具经历与本公司的配合程度	极配合	配 合	尚配合	未尽配合	未能配合
前来本公司服务的意志	极坚定	坚 定	普 通	犹 疑	极 低
外文能力	区分	极 佳	好	平 平	略 通	不 懂
	英文					
	日文					

总 评	□ 拟予试用 □ 列入考虑 □ 不予考虑	面谈人： 日期：　月　日

一、HR 为什么要雇用你？

这个是面试过程中最直接、最正面的问题，可能这个问题不会像我这样问得直截了当，但它肯定会以各种方式被提出来。

这个问题没有什么隐藏意思。HR 就是想知道，他们究竟为什么要雇用你，你到底能给他们带来什么。

因此，最巧妙的回答是对他们有利，而不是对你自己有利。这个问题要尽量回答得详细。比如向他们提供细节性的证据，证实你的确能够帮助他们提高工作效率、降低成本、解决管理问题等。对此，我给出一个回答样板，这个样板是我面试的一名求职者给出的：

"我在前公司是位经验丰富的经理，我最得心应手的事情就是在员工队伍的建设方面。无论是从组织项目的实施，还是到鼓励员工团结合作，我都做得非常不错。多年来的经验，让我掌握了一套用人技巧。此外，我还擅长员工培训和客户介绍方面的工作。因为我对主要客户的示范讲解，让前公司的销售额在过去两年内平均增加了 87%。"

这是我见过的优秀回答，因为他用实例提供了有力的证据，在细节方面也做了解答，直接而且自信地推销了自己。

二、你有哪些优点？

像前面的问题一样，我这个问题虽然很直接，但还是有一点隐藏含义的。面对这类问题，求职者的回答应当重点强调自己已经具备的技能。

HR 录用你的决定，很大程度上取决于你已经具备的技能，毕竟没有公司愿意先花时间教你，我们都希望员工来了就能直接上手。当然，你可以详细介绍同你应聘职位相关的技能。但要记住，回答时不要长篇大论，一定要简单扼要。

有一个求职者是这样回答我的："我的优点就是努力，一旦我下定决心做某事，不做到尽善尽美就绝不罢休，一定要把它做好。我是来应聘公关经理的，因为我喜欢接触不同的人，也喜欢服务于人群。为了实现这个目标，我还专门修读了相关的课程。"

我当然录用他了，因为"学习能力强""适应能力很强""人际关系很好"这些都是可以提出的优点。此外，还要尽可能地把优点和所寻求的职位挂钩，这样才会让你与众不同。

三、你有哪些不足？

和上一个问题相比，这是个棘手的问题。当然不能照实回答，因为你会毁了来之不易的工作，HR对求职者提出这样的问题，就是试图让求职者处在不利的境地，你的缺点并不是HR关注的点，重点是观察求职者在这样的困境中会做出什么反应。

当然，回答这样的问题应当润色，却不要夸张。可以用欲扬先抑的方法，用简洁正面的介绍抵消反面的问题。

我个人更青睐这样的模板："同事都指责我对工作太投入。因为我有提前上班的习惯，我喜欢提前安排好我的工作，并且喜欢在下班之后再自己回顾一下工作，以免有所遗漏。"

有一个求职者的回答也让我很满意，他是这样说的："我的缺点是不够耐心。我性子比较急，总想把我的工作赶在第一时间完成，因为我不能容忍自己怠慢工作。"

这样的回答虽然是自身的"缺点"，但却表达了正面的效果，对工作的积极热情成功地抵消了缺点。

四、你以前的经验与现在的工作有什么联系？

HR提出的这个问题，就是想让求职者解释：和其他求职者相比较，你的优势在哪里？你能不能比他们更快上手。

这个问题也需要一些技巧。你一定要明确自己的优势是什么。如果你的学历比其他求职者都高，你就把重点放在学历上；如果你的学历不如人家，那就介绍你的工作经验。不同的工作，在经验方面也是有相似点的，不妨把这些相似点都当作你的经验优势。

老张给我讲过某位求职者的答案："我在简历中也提到了，我刚结束了电脑编程方面的加强培训，在理论知识上比其他求职者占了优势。此外，我还在前公司有三四年工作经验。其中还包括对小型企业的管理，我在这一过程中学会了如何处理财务问题，我管理过超过30万美元的产品。这些经历是我与企业工作和电脑编程方面的联系。如您所见，我对电脑语言是熟悉的，并且，我受的教育也是全面的。我的编程课也让我拥有超过300个小时的电脑操作时间。再有，因为我是新人，所以我会比别人更努力地工作,拥以便及时完成任务。"

这位求职者的回答让老张赞叹不已,因为他强调了自己的优势——可转换性的技能,同时还把劣势化成优势——新人会比老员工更努力工作。这些对缺乏工作经验的程序员来说,无疑是个教科书般的样板。

五、你为什么会选择我们?

这个问题又可以被某些直白的 HR 问成:你为什么要坐在这里?这个问题是 HR 想了解你是否是那种人——根本不挑公司,有人给一份工作就行。如果你真是这样,HR 肯定不会对你有兴趣。

不管哪个公司,都想找那种能够解决工作中问题的员工。因为这样的员工在工作的时候会更努力,更有效率,能给公司带来更大的效益。

这就要求求职者在面试前一定要提前了解自己应聘的职位是否适合你,无论是技术方面还是兴趣方面。这个问题无非是考查你选择这份工作的目标和动机。

HR 这个问题实际上有两方面意思:第一,你为什么选择这个职位。第二,你为什么选择这个公司。在求职者回答职位时,一定要把自己的技能和职业挂钩;在回答公司时,如果你有选择这个公司的理由就直接回答,而如果没有则要提前做出调查,找出公司和求职者本人的契合点来。

回答样板:"我花了很长时间来思考各种职业,还是觉得这方面的工作最适合我。因为我以前做过相关工作,发现这里的很多技能都是我所擅长的。此外,贵公司似乎是能让我施展解决问题能力的地方。因为贵公司善于接受新思想,发展迅速,营业额比上个季度上涨了30%,而且贵公司还要引进新机器新技术,正是需要人才的时候。所以我希望在这里努力工作,在工作中实现自己的价值。我认为,我有机会能和公司共同发展。"

这种回答巧妙地运用了语言技巧,字里行间都透露出一个出色员工的身份。这样的求职者,又有哪个 HR 不想要呢?

7. 面试攻略三：糟了，你不善于与人交流

引文：

在高管中，有一个相当内向的人，她除了必要的工作安排和社交外，几乎不说多余的话。

有一次，老张打趣她："你怎么天天化妆啊，这么注重自己的仪容？"

她看上去很冷静地说，她有个毛病，一说话就爱脸红，为了不让脸红影响到别人对自己的第一印象，出门才化一层妆。

因为有很多求职者都有内向的问题，于是我详细询问了当时她来面试时的情况。

其实，现在社会上有这样一种误区：会干的不如会说的，干活不如卖嘴吃香。因此，很多内向的人，都认为自己在工作上一无是处，然后会产生自卑心理。

我可以负责任地说，这完全是杞人忧天。要知道，每个公司的每个岗位对求职者的性格要求都是不同的，不善言谈并不代表其不能胜任工作。说白了，除了主持人、教师、业务员等职位需要经常与人交流外，很多工作都是要脚踏实地、埋头苦干的。

我相信更多的单位是需要实干的员工，而不是夸夸其谈、不务实事的人。关键在于自己的能力，言谈只是一个方面，其他方面的能力能达到岗位要求的，单位肯定会接收！

对于这种情况的解决方法，我也把引文中那位高管的心得分享给各位求职者：

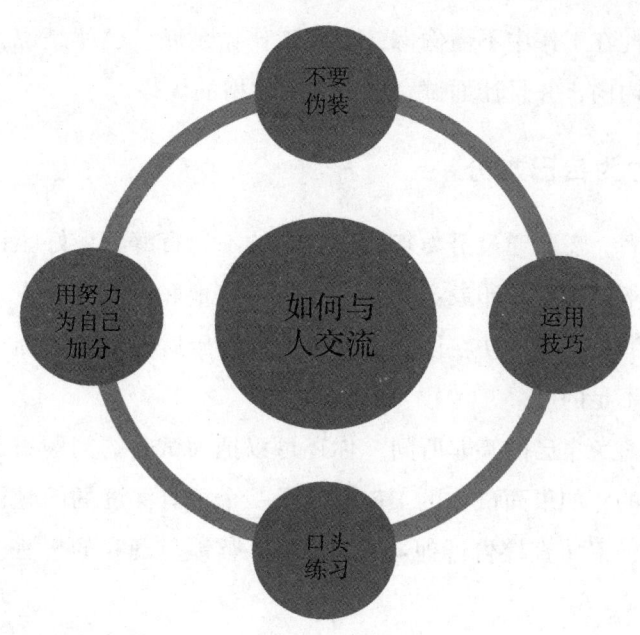

一、不要伪装

内向的求职者，不要假装自己是个外向型的人。在职场上，你不可能永远伪装下去。等到你勉强不下去的时候，就会后悔当初的决定。

很多内向型的员工，都有一次意外——在面试中，成功假装自己是外向型的人的面试。大部分人会开心，但我要说，你不要开心得太早，你只是给 HR 提供了一个错误的个性。即便你得到了这份工作，也很快会被周围人发现真相。这样一来，事情就会变得很尴尬。

事实上，你不必为自己是内向型的员工而感到尴尬，也不要觉得升职无望，毕竟，这个世界上有大概一半的人都是内向的。内向型的求职者，真正的挑战是如何做好内向的自己，并给 HR 留下个好印象。

不要害怕承认自己是内向的人。你不如坦白地告诉 HR，如果 HR 知道你是内向的人，反而不会因为你有些木讷甚至不礼貌的表现而生气，他们只会觉得你有点害羞和紧张。害羞和紧张是可以理解的，因为每个人都会对陌生的事抱有一丝紧张。

如果遇到跟你一样的面试官，他也是一个内向的人，那你在面试时坦率表现出来的紧张和木讷他甚至能够完全感同身受，还可能会对你抱有一丝好感。

当然，我说的坦白，并不是指你刚坐下来就指出你是一个内向的人，而是要等待一个恰当的时机。比如说，当 HR 问到你的优点或缺点时，你可以告诉他你是一个内向的人，因此在工作中不懂偷懒，会把工作做到底。也就是说，从一个积极的角度来解释你的内向，并且让面试官看到内向性格的优势。

二、用努力为自己加分

内向的求职者，需要通过努力来弥补自己的不善言辞，最好能让你的每一句回答都给面试官留下这样一个印象：我是一个脚踏实地和不吹嘘的人。此外，如果不会对自己的缺点润色，那不妨在谈及过去失败的经历后把重点放到自己学到了什么以及是如何改善不足的。

此外，为了避免自己的答非所问，你还可以把面试官的问题重述一遍，确认自己听到的是正确的。如果面试你的HR提出了一个很有深度的问题，而你的应变能力又不强的时候，不妨直接告诉他："为了能完整地呈现我的想法，希望能给我时间思考一下。"

内向的求职者，在面试之前的准备工作要更努力，这样才能在面试的时候起到补充说明的作用。而在面试中出现即兴问题时，也不要过于紧张。HR的绝大部分问题都没有标准答案，我们只是想知道求职者的想法和逻辑思维。所以，求职者不妨用条列式的方法来思考，把答案的重点想出来，并且以条列的方式重点作答。

即便是内向，也要进行大胆的提问，因为这样会让HR知道你对公司很有兴趣。在面试过程中，任何出现在你脑子中关于公司的问题你都可以提问，不要因为内向就憋回去。你的提问会让HR觉得，你是真心地想要这个工作、想加入这个集体。

更何况，如果你提出的问题新颖而有建设性，也会给你的面试加分。毕竟，HR喜欢从求职者的角度听一听新鲜的想法。

三、口头练习

你既然知道自己的缺点是不善言辞，那你为什么不锻炼呢？有时，面试失败不是因为你没有优势，也不是因为你内向的性格，而是你没有把心里的东西很好地表达出来，特别是在面试的紧张氛围中。如果你是一个不善言辞的人，不妨来看一下以下的解决办法。

最重要的就是进行口头练习，你可以对着朋友说。如果不好意思，可以对着镜子说、对墙说，都无所谓，重要的是一定要张口。引文中的那位高管，在面试时，前两次都是没有张嘴练过，她一直都在心里打着腹稿。说实话，这样没用。就像她说的："平时说话不觉得多难，但是一旦让你张嘴练习时真的很难。"

内向的求职者经常会有这样的担心：一方面怕自己说不好，没面子，所以不敢张嘴；另一方面对题目有想法，但又不能很好地组织语言，导致想说的话说不清，废话太多，重复得太多，条理不清，用语不当。

记住，这些都不要紧，只要你坚持练习。每天五六题就可以，但是每次都要拿出正式面试的气氛来，面带微笑，举止得体。你还可以录音，在练习结束时听一遍，并找出不足。

说到条理性，无非就是"首先、其次、最后"或者"第一、第二、第三"这样的字眼。这样既方便求职者理清思绪，也能让HR更理解你的想法。

还有一点，那就是要注意面试过程中的语速一定要适中。如果平时说话快，在紧张的气氛下，语速就会更快。所以，平常练习时一定要有意识地控制语速。语速放慢，面带微笑，这既是自信的表现，也可以给考官留下好印象。

四、运用技巧

首先，你需要写一个简短的自我介绍，再找出面试时可能出现的问题，把它们背诵下来。因为这些是面试必不可少的环节。

其次，你应该多观察面试官，在面试过程中，如果你觉察到面试官是一个严肃且安静的人，那你在面试中的表现最好也安静稳重；如果你的面试官喜欢自夸，那么你不妨用真诚的口气夸赞一下公司和HR本人；如果你的面试官很幽默，会开玩笑，那你也可以适当放松一下。

最后，成为一个优秀的听众。要知道，大部分内向的人都是优秀的听众。在面试中，内向的人会等到HR把要求和问题陈述完，再开始说出自己的想法和答案。这样能让自己更准确地把握住问题的关键点，也更容易脱颖而出，这就是内向求职者的优势之一。相反，外向型求职者往往可能因为废话太多，或者喜欢打断面试官的话，接话茬，最终导致面试失败。

此外还有一个小技巧，那就是在面试结束时，告诉HR："这次面试非常愉快，谢谢您的热情款待"。同时面带微笑地和HR握手。握手时，请注意要有点力度，这样可以把你的自信传达给对方。

事实上，最后的印象往往会在面试官心中持续更久。所以，求职者千万不要在面试刚结束就一溜烟跑了。

8. 面试攻略四：自认是金子的你，在别人眼里可能只是沙子

引文：

  有一位求职者对我说："我有 5 年的工作经验，之所以离职了，是上一个公司让我得不到发展。我各方面都很优秀，但是老总把我身边的人都提拔了个遍，只有我没有被提拔。他根本不是我的伯乐，一点儿眼光也没有，于是我愤然辞职了。"

  我想了想，说道："好吧，你回去等我电话吧，如果录用你，我会通知你的。"

  当然，我没有打这个电话。

不仅是求职者，很多人都有这样的问题：高估自己，低估别人。

考试结束了，学霸叹口气道："我考砸了。"而你却在旁边窃喜："活该，哈哈，我这次可是超水平发挥。"但是，卷子发下来之后，学霸考了 95 分，而你却是 65 分。

其实，这种现象在职场里也很常见。专业点说，这个就是邓宁—克鲁格效应。这个效应指的是一种认知偏差现象：对于大部分能力欠缺的人来说，他们无法客观认识自己，看不见自身的不足，缺乏辨别自身错误的能力。因此，这些能力欠缺者通常会沉浸在虚幻的优势中，高估自己的能力水平，低估他人的能力。换句话说，就是活在自己的世界里。

这种求职者是绝大部分公司都会拒绝的类型。如果你只是能力差，但对自己有个客观的认识，你就能经过恰当的训练，而大幅度提升能力。这一切的前提，都是得正确认识到自己之前的能力程度。

在我看来，求职者之所以会高估自己而低估别人，其原因就是想提高自己的心理舒适感，这是自我保护进化出的一种手段。

我们常说的换位思考，就是以己度人，就是在对他人的认知过程中，把自己的特性赋予在他人身上，假定自己和他人是相同的。

不少人都认定，自己喜欢的别人也会喜欢，而自己讨厌的也是别人讨厌的。延伸出来的意思就是：有超过一半的人都会觉得，自己的长相在平均值之上，自己的

身高在平均值之上，自己的素质在平均值之上。显而易见，这些都不是现实。

美国著名的社会心理学家大卫·邓宁博士研究发现，能力越弱的人，就越容易在潜意识里夸大自己的能力。无论是狂妄自大还是妄自菲薄，其原因都来自于不准确的自我定位。

人们对自己的评价都会选择性地接受，因此，这些评价都带有"自我服务"的倾向。因此，我们很难得到准确的反馈。邓宁博士认为，绝大部分人都不喜欢他人对自己做出消极的评价，因为忠言逆耳。

除此之外，部分求职者自恃过高的原因还有眼界狭窄。比如有些人，总觉得自己是老司机，其实却是马路杀手；还有的人，自以为读了两本股市方面的书就是股神，以为自己能跟专业股票经纪人一样，而结果却在股市中赔了个精光。

我给各位分析一下这种心理。当然，我要先从"利"开始分析，利既是内因也是外因。话说到底，"天下熙熙，皆为利来。天下攘攘，皆为利往。"求职者不能正确认识自己，也是因为尝到了"利"的甜头。其"利"具体有四点：

一、高估自己会强化自我意识，提高自信

大部分求职者都有很高的自信，因为高估自己的主要原因，或者说主要利益，就是增强自信。求职者自信是件好事，但切记要客观。

人类是群居性动物，是一个依靠关系来维系发展的物种。说白了，整个人类社会文明都建立在一条人类共同意识和价值追求的逻辑轨道之上。我们之所以能建立团结合作的发展关系，最主要的原因就是我们在不断寻求意识形态的统一。在不断的解释和呐喊中，我们能达成一致，相信自己就是心里描述的那个还不存在的"王者"。

正因为这种不断的心理暗示，人们才会优先选择相信自己认定的事，会确信自己喜欢的东西，对于跟自己想法相悖的言论或行为，人们会下意识地排斥它。在这个过程中，人势必会有意识地高估自己，从而为"说服自己"带来一种"证据"。

这就是过于自信的原因。

二、高估自己能给自己带来乐趣

高估自己的另一个"利"处，就是能让本人感到愉悦。可以用一个常见的现象来表述这个观点：在职场中，有不少爱吹牛的员工，他们也是比较乐观的一类人。

吹牛就是典型的高估自己。在职场中，只要稍微留心观察一下就会发现，爱吹牛的人群往往也是笑声最多的一群人。注意，吹牛跟调侃还是有很大区别的。虽然这两种人的性格都比较外向，生活乐趣都比较多，但吹牛的人群不会考虑太多理性的东西，他们只想通过不停地展现自己，然后乐在其中。

他们是一群爱炫耀的人，他们需要吸引别人的目光，因此他们更需要高估自己。

抛开道德的束缚和偏见，其实无恶意的吹牛也并非是一件坏事，说者痛快，听者饶有兴趣。只不过对于职场人来说，经常吹牛反而会给自己一种心理暗示，让他们对自己做出过高的评价。

三、高估自己能够给自己带来收益

这两年，我也面试过很多求职者，也知道在大部分情况下，HR都会在最后选择一些"自信"的人，而我也不例外。虽然我知道，有些"自信"的人其实只是对自己估计过高，但面试的过程很短，HR只能通过对方过去的经历和交谈来判断求职者。在沟通过程中，如果对方的优势和能力值得我信赖的话，我自然会倾向于选择他。

这也是造成职场中员工自我感觉良好的原因之一。因为这种"自信"给他们带去了收益，他们通过良好的自我感觉取得了工作机会。所以，他们在面对问题时都会潜意识地把自己估计得过高。

不说别人，在我还是名普通员工时，我也是对自己估计过高的。在一次业务谈判中，我的心里很紧张，但是我不断告诉自己："你这么优秀，人家如果不选你，那是他们的损失。"最后，我果然成功地完成了这次任务。但那次的成功也让我慢慢开始变得浮躁，我觉得自己就如想象般强大，还好悬崖勒马，不然一定会带来负面效应。

人可以给自己暗示，但一定要对自己的真实能力有一个客观评价。

四、高估自己是经验主义的积极反馈

邓宁博士有一句话我很赞同。他说："有一技之长的人，通常更容易高估自己。"这句话的意思就是说，有一技之长的员工曾经的经验会带给他积极的反馈。如果员工在某一方面出色，他就会认为自己这方面的能力没有敌手。这种有意识地抬高自己的想法，会削弱自己在其他方面的能力。同时，过高估计自己拿手的能力，

在被击败时，挫败感也会更强。

经验主义也是我们引以为傲的神器。就拿我们HR来说，在招聘过程中，也会给应聘者这样的提示："有经验者优先。"

这种"优先"就是对应聘者说："我们需要你，因为你有经验，你有经验就比别人棒很多。"所以，有经验的应聘者在"自信"中，让自己的形象在自己心里又高大了一点。

虽然中国人常说谦虚是一种美德，但大部分中国人都是口头谦虚，内心却对自己十分满意。我个人觉得，过分谦虚实际上就是一种虚伪，与其如此，还不如直接高调一点。

现实中有很多人都在高估自己。只要你稍微回想一下就会发现，自我感觉良好的人就在你的身边，甚至在你出现的每一个地方。当然，你自己可能也是其中之一。

自我感觉良好的人，总能轻易地判定出谁是弱者来。因为在他看来，每个人的缺点都是能够放大的，而自己的缺点却可以忽略不计。何况，这世界本就没有一个共识的标准来判定实力的强弱，实力说白了本来就是一个非常主观的判断。

这也助长了人们对于自己的错误判定。人们高估自己是因为本能，谁都不愿意真正承认自己是弱者。由于谁都可以被判定成弱者，反过来说，谁也都可以被判定为强者，而人们又倾向于认定自己就是强者。所以，人们高估自己就一点也不足为奇了。

第三章　招聘和选拔

9. 招聘的准备工作

引文：

　　大领导让老张跟我一同负责这次的校园招聘工作。说实话，面试官我做过无数次，但现场招聘还是头一遭。

　　老张已经去过好几次校园招聘，自然端出一副前辈的派头："你别紧张，你是 HR，你紧张什么？"我无奈地说："这不是要做准备吗？我一直负责的是社会招聘工作，校园招聘还真是从未接触过。"

　　老张笑了笑："其实万变不离其宗，我给你讲一讲——"

一个企业要做好人才招聘工作，前期充分的准备工作是必不可少的。其实说到底，企业招聘无非两种情况：第一是社会招聘，第二是校园招聘。顾名思义，社会招聘工作主要是招聘有经验的、能为公司带来即性效益的人才，而校园招聘则是希望招入高学历的员工。

下面，我就从这两方面说一下 HR 应做的准备工作：

求职人员基本情况登记表

填表时间： 年 月 日

姓名		性别		出生日期		学历	
籍贯		家庭住址				身份证号码	
专业		毕业学校				联系方式	
性格（对自己的性格进行客观公正的评价，符合者请打"√"）							
谨慎		乐观	消极	自信		随和	诚实
内向		神经质	敏锐	耿直		寡言	宽言
自以为是		性情易变	机灵	热心		利舌	淡泊
理智型		兴奋型	有个性	有支配欲		有条理性	有节制力
行动型		细致	勤俭	喜欢自我决策		孤癖	温顺
有责任心		易动感情	有进取心	独断		疑虑	气量小
简述你的性格类型和特点							
简述你的性格弱点							
请回答下述问题							
你所不擅长的是什么							
请你概述一下自己的人生观							
学生时代你最喜欢哪门课程							
请你概述一下自己的职业观							
进入本企业你有什么希望与理想							
在什么岗位上能最大限度地发挥你的才能							
假如有更好的职业，你将怎么办							
你对本企业的印象如何							
到本企业前，你的工资收入是多少							
你希望在本企业得到多少收入							
简述你的工作态度							
印　象							
本栏由企业方面填写							

一、社会招聘工作

首先，企业招聘最明确的一点，就是明确与岗位相关的细则要求。

一般来说，企业都会根据自己的年度经营计划以及拟定的年度、季度、月度招聘计划表，来专门安排各部门的人员需求招聘表。考虑到人力成本、企业人才梯队、人才来源、人才标准和招聘速度等因素，HR对人员的需求也要提前进行分析，然后拟定需求汇总表，并根据需求表进行迅速的审批和决策。

对于社会招聘来说，企业是希望起用能够即时上任的老员工。因此，拟定详细的岗位说明书也是必不可少的准备。岗位说明书主要包括岗位基本信息、岗位职责、岗位权限、岗位工作标准、岗位工作内容、岗位工作流程、岗位发展通道、岗位人事交往、岗位任职资格、岗位薪酬待遇等方面。

你的岗位说明书制定得越详细，就越能给之后的招聘工作带来便利与帮助。

其次，是招聘渠道的分析与选择准备。

HR应当根据岗位的用人需求分析招聘地人才市场的状况和动态，同时要了解各类招聘渠道的优劣，经综合对比分析之后，再按照岗位所需人才的要求和标准进行招聘渠道的选择。

要从人才的数量、质量、匹配性等方面综合考虑，这样才能更好地满足用人单位的需要。

再次，是招聘信息的拟定与宣传准备。

招聘信息的拟定包括五方面的内容：企业业务简介、创始人及企业文化、企业显著优势、职位要求与标准、发展平台与待遇。这些内容能让你的招聘信息对人才具有最大的吸引力。

同时，你要善于借助企业的文化、愿景和目标进行宣传。在做好招聘海报和信息发布的同时，也要准备好企业宣传手册、企业宣传VCR、企业特色产品和HR名片等。这些都能让应聘者对你的企业有更直观的认知，给他们留下深刻印象。

然后，是招聘前的相关资料、接待、测试准备。

关于这一项，我建议各位HR详细拟定招聘工作计划。比如把岗位说明书、A4纸、笔、会议室、面试间、休息间、电脑、企业资讯、接待人、茶水等都准备好，让各项工作都能有条不紊地进行。把招聘流程责任到人，这样能让应聘者来企业时产生好感，增强成功率。

最后，是 HR 本人与面试题的准备。

HR 本人的准备很简单，只要说话严谨即可。而面试题则要根据所招聘的岗位要求和标准，有针对性地设计面试题库，题目设计应符合四项原则：考查应聘者的基本功、了解应聘者对岗位的专业功底、考查应聘者的应变能力与创新能力、题目设计的难易程度能满足岗位考核所需。

同时，HR 还要就面试过程中所需用到的相关产品、案例和道具等做好准备，主面试官还要成立专门的面试小组，对各部门把关的 HR 应提前通知，最好争取所招岗位的直接领导参与面试，以便更好地做出录用决策。

二、校园招聘准备工作

相对于社会招聘，校园招聘需要准备的工作相对要多些。但正如引文中说的，万变不离其宗，只是在某些具体方面需要更加注意。

我在参与校招的过程中见过一些企业因为前期的准备工作不到位，结果不但没能达成招聘的目标，反而还出现了一些意外。

比如我去年在某大学校时，有一家国内著名的家电企业，屡次因校园组织不力、细节考虑不到位，而先后在几所著名大学的校园招聘过程中引发了同学生之间的冲突，严重损害了企业的形象。

为了确保企业的校园招聘工作能顺利进行，我建议人力资源部门最好制定一份"校园招聘工作实施清单"。如此一来，HR 可以通过这份清单，来核验整个校招包括前期的准备工作，防止出现不必要的工作纰漏。

企业可按照不同工作人员的职责，分为后期服务、现场宣讲、考查测试等几个不同小组，从上表中分割制定不同人员的工作实施检查清单，小组负责人逐一检查确认，以确保工作万无一失。下面，我再就校招的前期准备工作中一些重要且容易出现失误或纰漏的环节进行一下分析与说明。

前面我们讲到，校园招聘的过程也是一个展示企业形象的过程，校招人员的职业形象也就代表着企业的形象。他们的言谈举止及精神状态、相互间的合作与沟通甚至行为细节都可以透露出一些有关企业文化的信息，都会直接间接地对毕业生的心理产生影响。因此，这也要求企业应当抽调出精干力量组建校招团队，做好对全体校招人员的培训。

这要求什么呢？就是企业在选取组建校招的 HR 团队时，一定要挑那些高素质、有热情、有耐心的人员参与，并且提前告知每个参与者：这项工作至关重要。而勉强一些不情愿的高管来参与这项工作是校招的大忌，因为学生未走入社会，更容易同面试官产生冲突，继而造成不好的影响。

尤其是在选择校园宣讲会的各位宣讲人时要精心挑选——主宣讲人一般都是选择企业较高职位的领导、管理者担任，他们能够代表整个公司的形象，也有足够的能力和影响力来完成宣讲。对宣讲会中的主持人和分享以往成长经验的人员，很多大企业都喜欢用该校毕业且在公司做得比较出色的员工来做宣讲，这种师兄师姐现身说法的方式能够很快拉近与毕业生的距离，引起毕业生们的共鸣。

同时，"魔鬼都在细节中"，无论选择什么样的人，无论其资历、经验和背景如何，都要认真做好事先的培训和演练。有案例谈到的企业校招失败，主要是前期培训不到位，工作人员缺乏统一的操作规范，最终出现重大的工作失误。

做好与校方紧密有效的沟通。企业应该把校园招聘工作视为一项长期持续的工作来做，不但平常时要加强与校方的积极联系，而且也要特别注重每年校招前的紧密沟通。确定校招的日程安排，要提前确定场地，邀请好校方的相关领导出席，确定校园海报、广告招贴、路牌指引等规范性事宜。

切记不能粗枝大叶，认为以前沟通过就放松联络——因为校方接触的用人单位非常多，同一时间段很多公司都在争抢宣讲会的时间和场地，如果不及时联络跟进，很容易出现已确定的宣讲场地被其他企业占用的情况。有时校方见企业近期没有联络，会以为放弃了预定的宣讲时间和场地，转而把场地给联络积极的企业使用。校方一般不会主动打电话给企业确认。因此，越是在校招实施前越要与校方加强沟通，确认各项事宜保障到位。

做好校园招聘的广告信息发布。公司校招信息发布工作做得如何，对校招的成败有重要的影响。因此，校招信息的发布要有计划、有步骤，通过多种渠道、多种方式进行，通过全方位的信息发布，产生综合传播效应。

以上就是我给各位 HR 展示的招聘准备工作流程，希望对你们有所帮助。

10. 理解招聘的意图

引文：

老张问我："你知道咱们单位为什么年年招人吗？"

我想了想："也没有年年招人吧，毕竟咱们单位还是挺难进的。"

老张摇摇头："这你就只知其一不知其二了。咱们单位就算不外招，每年也有内招的名额，而且有不少都是老总直接从别处挖来的。"

我点点头："确实，咱们这些高管里，十有八九都是从别的企业招聘的人才。那企业招聘到底有什么意图呢？"

说白了，招聘的目的就是给企业增加新鲜血液，替补离职的员工。如果招聘对象是高管的话，则可以给企业增加高质量的管理能力。在这一模块中，我将从招聘的目的和招聘的意义两方面给各位做出分析。

一、招聘的目的

其实，招聘就是指企业为了达到发展的目的，根据人力资源的要求进行规划和分析的工作。人力资源负责吸引对公司有兴趣且有一定能力的人员来企业面试，并从中选拔出与企业最契合的人员，然后予以录用的过程。而招聘的意义则是用人单位通过制定一项计划，通过一定方式，进行录取新员工的活动。

招聘活动一般交由人事部门或人力资源管理部门负责，即"老板出钱，员工出力"。当然，企业招聘的目的就是让自己获得更大的价值。

就拿我们单位举例，随着单位规模的不断扩大，单位对人才的需求也是日益增长。就像招聘简章上说的那样——为了发扬企业文化，提高企业员工整体素质，提高公司知名度，提升企业形象，增强企业吸引力，需引进大量综合素质高、可塑性强的基层人员，为内部人才的进一步培养和选拔提供保障。

我作为一名人力资源高管，为大幅度补充人员动态，增强员工归属感，缓解员工大幅流动压力，获取单位所需人才，就必须制定一份周全的计划。

在我看来，企业招聘员工应当以"用人所长、容人之短、追求业绩、鼓励进步"作为宗旨。在招聘人才时，应当面向社会，进行公开招聘和全面考核，秉承择优录用的原则，从学识、品德、能力、经验、体格、符合岗位要求等方面进行全面审核，确保吸引到合适的人才。

那么，企业应该如何进行有效的招聘呢？这个前提就是明确招聘目的。企业招聘的目的是找到适合该岗位、适合团队、适合公司发展的人才，可以解决实实在在问题的人才。

员工之于公司的价值就在于可以帮助企业解决问题。销售就是负责把企业的产品和服务推销出去，研发要做好研发工作，客服要做好客户的服务，维护好客户关系。每个岗位都有它的职责，同时对就职者也有其相应的要求。

招聘是找到合适的人来做适合的事。合适的人才是有效招聘的关键。在企业明确了招聘意图之后，就需要 HR 针对不同的招聘目的，有计划地进行深层次的分析了。

比如基于岗位和职位的，就需要对岗位职位进行分析；基于员工和具体工作的，就需要分析相关人员与工作的特质，分析出与相关人员匹配的人格特质以及工作方式。

在我看来，公司高管以及公司后备人才已不再是具体的工作和具体的岗位，而是基于公司需要的素质、能力、经验的分析，这需要结合公司未来发展的战略进行分析。

在理解招聘意图后，再进行深层次的分析，这样才能帮助 HR 缩小招聘对象的范围，明确招聘对象的形象，继而让招聘效率得以提升。

二、招聘的意义

对于企业来讲，招聘的意义就是满足企业的用人需求。吸引到合适的求职者，会从以下三个方面利于企业。

第一，招聘能扩大企业规模，补充离职人员，增强企业的竞争优势。

第二，有利于传播企业的形象。应聘人员会在招聘过程中了解企业的组织结构、经营理念、管理特色、企业文化等。这些都对企业起到了宣传作用。

第三，丰富企业文化。不同的员工有着不同的教育背景和工作经历，每个人的经验教训和思维方式都不一样，所以在解决问题的时候总会遇到不同的方法和见解。正是这些不同之处，才让企业的文化更加丰富、全面。

很多时候，企业在招聘时会犯下一个错误，那就是一定要找最优秀的"大牛"。尤其对于一些初创阶段的企业，他们特别渴望聘请到大牛级的人物来"加持"公司。但别忘了，"大牛"真的适合你的公司吗，你养得起"大牛吗"？毕竟优秀人才在入职后，因为"水土不服"的问题而离职的例子太多了。

员工招聘是企业人力资源的一项有目的的实践活动，它需要通过各种标准的、先进的方法和手段，加上科学技术成果，才能持续提高企业素质，增强企业活力，改善效益的管理过程。人员招聘管理现代化主要体现在五个方面，分别是招聘理念、招聘依据、招聘过程、招聘人员、招聘方法和技术。

我先来介绍一下招聘理念，这是指导整个招聘过程与活动的核心思想。因此，HR 必须要站在比招聘本身更高的角度来看待制定好的招聘的原则。确定一个好的招聘理念，对组织一次高效率的招聘工作至关重要。

招聘依据是指 HR 在招聘人员时需要考虑的相关标准，比如国家法律与政策、组织的发展战略、人力资源规划以及招聘计划等。

招聘过程我在前面提到了，就是指 HR 从发布招聘广告到新员工报到的一系列事项，其中包括明确的时间、地点、程序的活动过程，其基本过程包括制定招聘计划、发布招聘信息、测评与甄选、录用及评估等环节。

招聘人员是指负责企业招聘过程的部门和人员，也就是 HR。

招聘方法与技术主要是指企业在吸引、甄选、录用、评估过程中用到的各种方法和技术手段。要知道，招聘工作的有效实施不仅对人力资源管理意义重大，也对整个企业具有非常重要的意义，其主要表现在以下四个方面。

首先，招聘工作决定了企业是否能吸引到优秀的人才。招聘工作是人力资源输入的起点，所以，招聘工作的质量直接决定了人力资源输入的质量。从这个意义上讲，招聘工作对企业的成长和发展意义重大且深远。

其次，招聘工作影响着人员的流动。应聘者不是傻子，企业在招聘过程中向应聘者传达的信息真实与否，会影响到应聘者进入企业之后的流动。如果企业向应聘者传递的信息不实，只展示企业好的一面而隐藏差的一面，员工就会产生失落感，降低工作满意度，导致人员的流动率升高。

再次，招聘工作影响着人力资源管理的费用。HR 应当具备的一项基本职能，就是管理招聘活动的成本。招聘成本主要包括广告的费用、宣传资料的费用、招聘人员的工资等等。这是一笔不小的费用，也是人力资源管理的重要构成。因此，若想招聘活动能够有效进行，就要想方设法地降低招聘成本。

最后，招聘工作是企业对外宣传的一条有效途径。就像我之前提到的，招聘，尤其是企业外部招聘，其本身就是一种向外宣传的良机。为实现招聘的目的，企业应当把自身的基本情况、发展方向、方针政策、企业文化以及产品特征等各项信息对外发布，这些都有助于企业更好地营造外部环境，从而有利于企业的发展。

11. 常规招聘和人才培养

引文：

  老张跟我说："现在单位不好做。"

  我说："怎么了，咱们单位效益不是挺好吗？"

  老张四下看了看，低声神秘道："别提了，前阵子不是重金挖来个高管吗？干了两个月就跑了，还带走了咱们公司的不少内部信息。大领导都上愁了。"

引文中的问题，也是让不少企业都头疼的问题。企业在发展壮大的过程中，因为人才流失产生空缺职位是在所难免的，因此，企业需要依靠 HR 来招聘人才。

在现代社会，大部分企业都是通过外部招聘或自己培养两种方式选拔人才。那么，问题就来了，究竟是内部的人才培养有利，还是外部引进的人才更好呢？对于这个问题，我不能给出一个绝对性的答案，因为这要根据企业的实际情况来定。下面，我就对外部招聘与内部培养的优缺点进行一个具体的比较。

聘约人员任用核定表

姓名	性别	出生日期	学历	专长描述	部门	职位	工作职责	拟支薪资	批示

年　　月　　日填

总经理：　　　经理：　　　人事主管：　　　填表：

一、外部招聘的优点

外部招聘也就是常规招聘，这是一种与外部信息交流非常有效的方式。企业可以通过外部招聘树立一个良好的形象；新员工的加入，也会给企业带去不同的价值观，让新思想和新方法融入企业，这也有利于企业经营管理和技术创新。

职场人都应该知道"鲇鱼效应"，鲇鱼在搅动小鱼生存环境的同时，也激活了小鱼的求生能力。也就是说，外聘人才进入企业后，会给原有员工带来无形的压力，造成其危机感，继而激发起原有员工的潜能和斗志。

外部招聘可以让原有员工通过相互学习共同进步，又可避免近亲繁殖。外部招聘可以缓解内部竞争者之间的紧张关系。因为企业的职位空缺数量有限，候选人之间的不良竞争等问题不可避免，一旦某位员工被提拔，其他候选人也会产生消极情绪，甚至不服管理。因此，外部招聘能让内部竞争者得到某种心理平衡，避免组织内部成员间的不团结。

此外，外部招聘是在大环境内挑选人才，选择的余地大，能招聘到优秀人才的可能性也更高一些，尤其是一些比较稀缺的特殊人才，还能够节省培训费用。

二、外部招聘的缺点

当然，有利就有弊，外部招聘也有一些不足之处。首先，外部招聘会造成信息不对称，造成人才筛选的难度大、成本高，我们容易被求职者的表面现象所蒙蔽，继而无法了解其真实能力。

此外，绝大部分外聘员工需要企业进行培训和定位，其培养时间也是相当长的。应聘者对企业的了解需要一个过程，而这个过程可能会让企业的效益受到影响。此外，外聘人员也可能会出现"水土不服"的现象，若外聘人员无法接受企业文化，只会浪费彼此的时间，让招聘企业成为他们的"跳板"或是"中转站"。

还有一点，如果企业内部有优秀的人才未被选用，这些因外部招聘进入职场的员工会让其产生逆反情绪，与外聘者不合作，造成公司效益的下降。

三、内部招聘的优点

同外部招聘一样，内招也有自己的优点。首先，内招能给老员工的晋升提供平等的机会，而且，企业与老员工之间的信息是对称的，不会存在"道德风险"等问题。

内部的老员工在企业摸爬滚打多年，认可企业文化，忠诚度较之外聘员工也更高。

与外部招聘相比，老员工更熟悉企业的业务模式和管理方式，因此更容易接受指挥和领导，易于沟通、协调，易于发挥组织效能。内部晋升的机制一旦形成，会激励老员工更加努力、提高工作效率，提高工作士气。

此外，内部招聘能够节约昂贵的招聘成本，包括必要的花费和时间成本，而且，内部老员工已经认可了企业的薪酬体系，其工资待遇要求更容易让企业接受。

四、内部招聘的缺点

当然，内部招聘也有缺点。比如，内部招聘会失去从外部获得更优秀人才的机会。而且员工的提升数量有限，容易挫伤其他员工的积极性，影响到企业的内部团结。让企业形成一种"近亲繁殖"，甚至会出现"裙带关系"，滋生企业中的"小团体"，削弱组织效能。

以上就是我对企业外部招聘和内部招聘的优缺点比较。要知道，企业是由人组成的集合体。老张给我讲过一段话，我觉得相当经典。老张说："破解'企'字，实际便是'有人则企，无人则止'。"

诚然，人才就是企业发展不可缺少的战略性资源。一个企业若想成功，必然要不断聚集和造就高素质的人才。在我看来，企业不仅要生产产品，更要生产人才。

在现代社会中，企业的竞争说到底就是人才的竞争。那么，怎样开发人才、怎样培养人才、怎样使用人才，就成为摆在每个企业面前的重要课题。

下面，我针对应当如何培养和使用人才，给出以下几点建议。

（一）建立科学的选才用才机制

建立人才竞争机制很重要。我就一向推行公开选拔、竞争上岗等方式，只有把优秀人才选聘到合适的岗位上才能实现人尽其才。

我完全可以这样说，建立公开、公平、公正的人才考评机制是每个企业都应重视的。只有把考评结果和员工收入挂钩，才能实现人才的优胜劣汰。建立科学的选才用才培养机制，才能合理地加快培养时间，促进人才的使用。对于那些有潜力的年轻人，要大胆地给位子、给担子，让他们经风雨、见世面，这样才能增加才干。

（二）做好企业技能人才培养使用

做好企业的人才培养使用，就要充分发挥人才资源的基础性作用。

我认为，举办各类综合性和专业性的技能人才招聘会是相当有效的途径。人才招聘会能给用人单位和人才提供双向选择的机会，这也让人才市场在现实意义上成为主渠道。围绕重点产业以及关键行业，要培养能独立解决技术难题的高技能人才。

我有一套办法，叫"送出去、请进来"。就是说，企业要加大对优秀人才的培养力度，多给他们锻炼和成长的机会，把担子交给他们，并按照不同类型的岗位要求实行量才培训，这样才能打造出企业优秀人才高地。

（三）积极营造留人的外部环境

我国改革开放的总设计师邓小平曾经说过："选准了人，就有了希望。"我的想法也是如此，企业应当顺时应势，立足全局，真正把经济建设与人才培养结合起来。我是人力资源的高管，我深知人力资源必须要向人才资本进行转变。

要知道，人才培养工作是一项长期而重大的工作，企业必须要把人才工作放在突出的战略位置上。在这一点上，我们单位就做得很好。我们建立了人才工作议事制度和例会制度。同时，作为国企，积极引导工会、共青团、妇联等人民团体参与人才工作，形成了共同推进人才工作的新局面。

当然，在人才培养的同时也要学会从感情上亲近人才，关心爱护人才。这一点主要表现在提高人才的生活质量、工资标准、福利发放和医疗补助等待遇。只有切实关心人才的衣食住行，解决人才子女的入学、落实社会保险转接等问题，才能真正做到用感情栓心、用待遇留人。

明确人才工作责任机制也是十分重要的一点。要知道，人才工作是一项系统工程，必须要把责任明确到个人。就比如老张，他是单位里负责人才工作的第一责任人。这就要求老张凡事都要亲自抓、亲自问，自己先起到表率作用，才能带动并影响全单位支持人才工作。

关于人才培养，负责组织的人事部门也要给他们提供机会、搭建平台，争取把人才工作的推动再提升到一个新阶段。我已经把人才工作纳入到单位年度岗位目标责任考核中，而这份考核结果也会作为衡量干部政绩的重要依据。要做到这一点，就需要对成绩突出的个人给予表彰，给予物质奖励，对不重视人才工作的个人则要坚决进行组织批评与处理。

"栽好梧桐树，自有凤凰来"。说到底，企业在当今乃至将来的竞争就是人才的竞争。如果把优秀的人比作千里马，那么 HR 就是伯乐。当伯乐慧眼识别出千里马时，必会感念伯乐的知遇之恩，继而倍加努力，奋勇向前。这就是我对人才培养的一点见解。

12. 人才的鉴别

引文：

　　我经常对下面人说："人才的管理工作是企业管理最重要的工作，没有之一。"作为一名单位的高管人员，发掘与培育人才是我的第一职责。而怎样发现与鉴别人才，则是作为一名 HR 的第一能力。

　　虽然孔圣人说"有教无类"，但我根据自己的从业经验发现，在工作实践中如何鉴别人才并根据人才的个性特点给予合适的定位与指导可能更为重要，发现人才并根据特点培育是一个企业人力资源管理的最重要工作。

就像引文中说到的，人才是企业管理最重要的工作。那么，如何鉴别人才就十分考验 HR 的功底了。下面，我就根据汉末魏初时期刘邵所著的《人物志》一书。结合中国传统的识人用人技术粗浅讨论一下如何发现与鉴别人才。

一、人才的类型

《人物志》中将人分为了"主德"和"偏才"两类，"主德"很好理解，就是指领导型人才。领导型人才各方面的气质比较平均，能力也比较全面，大部分领导型人才都呈现出了中庸的特点；而"偏才"则是指在某一方面或某几方面的气质特别突出，有一定的特长，适合做某一特定工作的专业型人才。

我将《人物志》与现代企业人力资源管理理论相结合，把人才分成了以下四类：

1. 领袖型人才：此类人才学习能力强，善于接受新事物，在工作中有责任感，抗压能力强，能够独当一面，可以托付重任。

2. 专业型人才：此类人才在某方面专业精深，个性表现十分独特，善于学习，擅长深入思考，经常被人称作专家。

3. 协调型人才：此类人才性格细腻周全，适合做内部管理与后勤服务工作。

4. 间杂型人才：此类人才是伪人才，他们能表现出很多人才的特质，十分善于伪装，但技能与素质却很低。如何鉴别间杂之人，才是人才评鉴中的难点。

二、采用"相面法"正确识别评鉴人才

中国古代识人的书籍多如牛毛，主要偏向于"相面"，比如生辰八字、摸骨算命之类，其中迷信的部分居多。在我看来，相面不外乎观察，以下便是我对"人才相面"的一点理解：

1. 观察员工的善恶行为，辨别其是否为间杂人员。如果某位员工对别人遇到灾难时表现得很有同情心，但出钱资助的时候却很吝啬，那就是慈而不仁；如果一名高管只在口头上对员工十分关怀，但却连一顿饭都不请员工吃，或员工家庭有困难却不积极帮忙时，那就是仁而不恤。间杂之人总是言行不一，以自我利益为中心。从这些细节就能判断其是否为间杂之人。

2. 观察人的言谈举止。言语表达能够反映出一个人的基本性格。如急迫还是缓慢、高声还是低声、明朗还是晦涩等，从而判断人的个性。观察语言与其行为举止是否矛盾，继而判断出对方是真诚还是虚伪。如果其行为与其语言不相符合，那这个人就不值得信任。

3. 观察素质，确定人才性质。判断对方是怎样的一个人，有什么样的个性特征，为人处世的基本原则如何，继而才能判断其适合何种职位。现代管理心理学的理论将人分为了多血质、黏液质、胆汁质、抑郁质等四种不同类型，这四种类型的人具有不同的个性、适合不同的职业。

4. 观察动机。看出对方的动机，需要很强的逻辑能力。在HR看来，应聘者有些行为是自然的，但有些行为是装出来。比如我在开会时，经常会遇到在语言上攻击别人的人。但我能轻易区分哪种人是正直率真的人，哪种人是为了攻击别人不择手段的人。同样的表现，一定要看到出发点的不同，这样才能正确理解动机。

5. 观察对他人的尊重程度。敬天爱人的人总能取得成就，而以自我为中心的人则不是真正的人才，缺少奉献精神、过于计较得失的人注定不能与企业共患难。

6. 观察是否谦逊。古人对君子与小人的定义很明确。"谦谦君子，温润如玉"是说谦逊是君子的外在表现形式，因为谦逊的品质能让人如沐春风；"小人常戚戚"则是指无所作为的人，总是心胸狭窄、与人为难、与己为难。

7. 观察偏才之人的优缺点。偏才之人在某一领域成绩优秀，但也说明其本身性格具有局限性，所以必然会存在优缺点。比如正直的人总会因为直率而得罪人，而做事周全的人难免优柔寡断，平和的人有时显得懦弱等等。

8. 观察聪明程度。这点很容易理解。一个人的聪明程度，从某种程度上也代表了这个人发展的潜力。是否具备快速学习能力是考查一个人智力高低的好办法，你可以交代给他一件他从未涉及过的工作，令其短时间亲自完成看成效如何就可判断。

三、人才评鉴中的注意点

对于 HR 来说，对人才的评鉴活动是一项长期工程。对人才的评鉴能力，也直接显示出管理者的基本素质和管理能力。当然，每位 HR 对人才进行鉴别时总会受到各自主管的影响。因此，HR 在对人才进行评鉴的过程中还需注意以下几点：

1. 注意不要对社会舆论偏听偏信。在很多情况下，亲眼所见的都不一定是真相信，更何况是舆论呢？在评价一个人是否是人才时，一定要用第三只眼去观察，综合判定，这样才能得出深刻的认知。因为现在被"包装"出来的"人才"实在是太多了，让人防不胜防。

2. 注意自己的"公正心"。作为一名 HR，公正是最为核心的素质。要知道，个人的主观意识和生活习惯都是导致偏见的原因。比如我有一名同事，她是位长相相当一般的女高管，她就很不喜欢漂亮或妖艳的女员工，而只喜欢朴素或严谨的人。

3. 辨别人的心志。心志一词可以拆分成"心"和"志"，二者的区别是"心"代表想法、"志"代表目标。这二者是有区别的，我们单位有很多员工，想法不少，但却形不成具体目标，只能是空想。社会上有很多人，"卖嘴"可以，但却做不了具体的工作。为什么？就是因为他们缺少一个为之奋斗的目标。

4. 注意不要设置年龄限制。人才的成熟有早晚之分，纵观历史，姜子牙80岁才出山当丞相，战国时期的甘罗12岁就做了丞相，联想创始人柳传志40多岁才开始创业，美国脸书的创始人马克20多岁就成了亿万富翁。成名有先后，成才也有先后，不要对年龄设置太多限制。

5. 注意不要亲信同类人。我见过不少 HR，他们在人才评鉴中时常会对同类人给予过高的评价。因为大部分人都有这样一个坏毛病——同类相轻，同类人总会出现两种情况，要么惺惺相惜，对对方的评价会无意识抬高；要么会相互倾轧，俗称"窝里斗"，故意贬低对方。

6. 注意家庭背景。很多人说，英雄不论出身，而我却认为，出身是一件很重要的事情。家庭富贵显赫的人，自身的光芒和人脉会比较好；而从富贵的书香世家出来的人，则会在言谈举止等方面显得较为自信、有教养，同时在钱财方面会比较大方。

7. 尊重与辨别奇人。这里所说的奇人并非是有特异功能的人，而是指某些人因为其行为方式与大众不同，往往受到排挤和孤立。但这类人往往在某一方面十分有天赋，能出奇谋，力挽狂澜。作为 HR，对于这样的人要特别关注，不要错失。

关于人才的鉴别工作，一直都是人力资源管理工作的一项基础，这项工作虽然基础，但却十分重要。HR 需要把人才的特征掌握清楚，再根据每个企业中的个人特点将其安排到合适的位置，最后再进行有针对性的培训或指导，务必做到人尽其才。

目前，西方的管理理论和技术已成熟，所以评鉴人才的方式也有很多。在国内企业的实际经营中，作为一名企业的经营者，熟知并掌握一些识人用人之术，对企业的发展也是相当有助益的，以上就是我关于人才鉴别的一点心得。

13. 面试的流程

引文：

"小王，这次就由你来负责新员工的招聘工作吧。"

"好的，请问面试的流程是什么呢？"

我跟老张有点复杂地看着小王："你跟着面试这么多次了，怎么还问这么低级的问题？"

看着小王有点为难的神色，我叹了口气。

提到面试，很多人脑海里都会浮现出一个大致的场景，但却对具体流程不甚了解。其实，企业的常规招聘流程很简单，下面，我会从企业和应聘者（分别用甲方和乙方代替）的角度分别介绍一下面试的流程：

一、甲方的流程

HR 要制定一份招聘计划，并且按照顺序发布招聘的信息。比如内网或外网、内部或外部，先把公司的招聘信息发布出去，再开始收简历。在收到简历之后，根据应聘者的条件和公司的要求，针对招聘岗位的任职要求及岗位说明书里面的相关条款对简历进行筛选。在筛选完毕后，要对应聘者进行电话邀约，跟合适的应聘者"电聊"一下，最好把电话邀约搞成电话面试。

我举个最简单的例子吧，我朋友的公司在北京，但一些候选人是来自江苏或者浙江的，一次来回就很远了，像这样的候选人，在给他打电话时问一下："您好，我们公司在北京产业园，您在浙江省，请问您在北京有现居地吗？这个距离您能接受吗？"这句话很重要，如果对方不能接受，那就不要面试了。

我个人最讨厌某些人力资源的从业人员把应聘者连哄带骗地请过来，到最后人家才发现上班的地方这么偏僻。这不但不会让对方留下，反而会影响到企业形象和口碑，日后只要有人问这位应聘者"这个企业怎么样"，他都不会说什么好话。

另外，如果你们公司的薪酬水平不是很高的话，你就需要问一下对方："您上一份工作的薪资大约是什么样的水平？"在对方回答后，你要再问一下薪资结构，也就是绩效及年底的奖金有多少。如果你的公司只能给他每年20万元的薪资，但他上一份工作的年薪有40万元，那你一定要问一下："目前这个薪酬水平您能接受吗？"

在初步的电话邀约环节做一个简单的电话面试，时间在10分钟左右即可。这一环节可以把没必要来的人淘汰掉，也能节约应聘者和HR的时间。要知道，HR应当尽量通过前期流程的科学设计，一边提高招聘的效率，一边为公司节约成本。

在电话邀约结束后，就会进行初次面试。初试完了做复试，具体复试几轮需要结合公司的实际情况决定。在试用期前，一定要经过候选人的允许后去做一个背景调查。当然，如果候选人不同意最好不要做，以避免引发不必要的纠纷。如果该岗位必须要做背调，那么一定要在电话邀约的环节就告知对方："如果您不允许我们做背景调查，我们就不要再谈了，您的面试流程也会终止。"

在几轮复试结束后，应聘者将进入试用期，甲方的招聘流程从发布招聘信息到试用期结束，以上就是完整的甲方招聘链条。

二、乙方的流程

乙方的流程与甲方的流程相似，也是需要应聘者付出成本的。

乙方需要结合自身特长及愿望，在平台上进行信息检索。乙方对某一种岗位比较感兴趣，比如喜欢文职工作，就上网检索一下，看有没有相关的心仪公司和心仪的岗位；乙方英文很好，就可以检索有无英文方面的公司及岗位缺人。

在检索到合适的岗位信息后，乙方需要制作一份简历并投递。正常情况下，乙方需要根据甲方招聘的要求及任职条件来制作个人简历，这样才能提高自己与心仪企业的匹配性。在简历投递后，只要等待面试通知即可。

在对方的电话邀约过程中，乙方要注意听清对方的要求，结合自己的实际情况，不要硬着头皮勉强来，否则只能是耽误彼此的时间。

电话邀约过了就做初试，初试完了之后做复试。在复试通过后，企业会要求你准备证明材料，比如你是本科生就要拿出毕业证和学位证，硕士也一样。有什么项目经验，有什么资质证书，在面试过程中都需要提前准备好。

这就是常规的招聘面试流程，绝大多数国内企业都类似。人力资源经理人不要搞一套貌似只有你们企业才有的一个很奇葩的招聘面试的流程，才显得本人水平高，才能配得上企业的水平，这完全没有必要，正常就行。

三、面试中的"ASTK"流程

"ASTK"流程是HR在面试中一定要注意的流程，下面我向各位具体讲解一下：

1. A就是Attract，意思为"吸引最好的人"。

企业应当通过打造良好形象，提升企业的硬件和软件条件，通过品牌能力来吸引社会上的优秀人才。就拿我们单位来说，现如今已经同国内外不少著名大学和专业建立了一种联盟关系。我单位通过助学金、企业实习等方法，使得单位与优秀人才间建立起了一种联系，在与人才接触、磨合的过程中，把企业的理念在不经意间灌输给优秀的人才。

因此，我认为企业有必要建立不同的渠道，通过高等院校、科研所、高级猎头以及各种传媒等途径，广发英雄帖，让社会上的优秀人才能够被企业吸引。同时，企业应当调整内部资源，在最大程度上满足优秀人才的要求。

在人力资源管理过程中，吸引优秀人才是最重要的一步。出于这点考虑，以下方法可以考虑：加强企业核心价值观的宣传；同高校及人才市场建立合作；同其他企业共享资源；加强内部人才机制建设。

2. S 就是 Select，意思是"选择最好的人"。

当面试的前期准备结束后，企业就会面临一个重要问题——选人。选人是人力资源里至关重要的大事，因为选人必须要符合一定的条件。不是说你优秀就能进来的，还要看你是否同企业所需人才的要求相契合。HR 在选人过程中，下面的原则可供考虑：

按岗位需求选人；专业性越强越好；必须具备忠诚、敬业、认真的品质；切忌"裙带关系"；学习能力和接受能力要强，敢于创新；能够承认错误，承担责任；能为了大局而放弃个人小利；个性化不要过于强烈，要有团队意识。

3. T 就是 Train，意思为"培养最好的人"。

优秀的人才是可遇而不可求的，很多情况下，企业需要的人才都要通过重点培养才能获得。为此，企业必须要想方设法地把不适合的企业文化转变过来。而对于一些年轻的员工，一定要做到教育和引导。

育人是一件长期而重要的事，是企业领导的责任。因此，培养最好的人，应该从下面入手：协助其完成人生职业规划，能够与企业命运共联；定期进行和非专业化知识技能的培训；完善企业内部人才梯队建设；建立企业内部人才培养机制；完善企业内部竞争机制；建立企业内部人才平台，使测评透明、公开、公正。

当然，育人要注意两件事情，一是以诚待人；二是严格要求，不能放松。

4. K 就是 Keep，意思是"保留最好的人"。

HR 在面试过程中，需要注意的就是新进人才能否适应企业的不断发展要求。人才是企业前进的驱动因素，企业应当在面试环节把优秀的人才保留下来。我认为，人力资源部门在面试流程中，首要的工作就是注意到企业内部的优秀人才，如果内部有值得培养的人才就不必舍近求远。

关于在面试结束后，企业如何保留最好的人才，以下的激励方案是可以考虑的：目标激励，榜样激励，领导人行为激励，授权激励情感激励，表扬激励，物质激励，福利激励，股权激励；等等。

当然，有保留就会有淘汰，根据企业内外部环境的变化不断注入新鲜血液，保持内部的竞争有效机制是必须的。

企业面对日益激烈的竞争，企业的管理者应当具有高度的责任心，在企业的发展变化中时刻不要忘记人才的重要性。要时刻记得：吸引最好的人，选择最好的人，培养最好的人和保留最好的人。以上就是我对面试流程的介绍。

14. 面试官的问题

引文：

"可是，在面试过程中，我需要提哪些问题呢？"小王一脸迷茫地说道。

老张一脸恨铁不成钢地说道："你跟着我参加过多少面试了，这个问题还要问？"

我看着一脸愧色的小王，开口说道："年轻人多历练，不要光按领导的指示办事，平时应多注意留心，自己要有学习心和上进心。"

小王看了看我和老张，用力点了点头。

引文中，小王在面试过程中没有注意到 HR 的问题，他以为我跟老张只是随便问了几句。小王的想法也是不少应聘者的想法，可殊不知，HR 的每个问题都是有特殊意义的。下面我就给各位详细解读一下，希望对 HR 和应聘者都能有所帮助：

面试测评表

要素	观察内容	提问项目	评价要点
礼仪风度	1. 仪容、衣着 2. 行为、举止 3. 敲门、走路、坐姿、站立等的仪态 4. 口语		1. 穿着整齐、得体、无明显失误 2. 沉着、稳重、大方 3. 走路、敲门、坐姿符合礼节 4. 口语文雅、礼貌
求职动机愿望		1. 你选择本公司的原因 2. 你选择本公司最重视什么 3. 你对本公司的了解 4. 你希望公司如何安排你的工作待遇	1. 是否以企业发展为目标兼顾个人利益 2. 回答完整、全面、适当 3. 说服力

续表

要素	观察内容	提问项目	评价要点
表现力、语言表达能力	1. 将自己表达的内容有条理地、准确地传给对方 2. 引用实例、遣词准确 3. 语气、发言合乎要求 4. 谈话时的姿态表情合适	1. 请谈谈你自己 2. 谈谈你的优缺点 3. 你的兴趣爱好 4. 据你自我分析，最适合你的工作是什么	1. 谈话的前后连续性 2. 主题、语言简洁明了 3. 逻辑清楚 4. 说服力 5. 遣词准确
社交能力和人际关系		1. 请您介绍你的家庭 2. 你的朋友如何看待你 3. 你希望在什么样的领导手下工作 4. 你交朋友最注重什么	1. 自我认识 2. 交往能力
判断力、情绪稳定性	1. 准确判断面临的情况 2. 处理突发事件 3. 迅速回答对方问题 4. 处理难堪问题的反应	1. 假如A公司与B公司同时录用了你，你将如何…… 2. 公司工作非常艰苦，你将如何对待 3. 你怎么连这种问题都听不懂 4. 你好像不太适合本公司的工作	1. 理解问题的准确性、迅速性 2. 自我判断能力 3. 是逻辑判断还是感情判断 4. 有自己的独到见解
行动与协调能力、工作经验	1. 对自己认定的事能够坚持进行 2. 工作节奏紧张、有序 3. 集团工作的适用性 4. 组织领导能力 5. 能够更多地从他人角度解释问题	1. 你从事过何种勤工俭学工作 2. 你参加过何种组织活动 3. 你对某问题有过何种研究 4. 请你谈谈你的论文写作过程	1. 表现力 2. 考虑对方处境和理解力 3. 实践能力 4. 交往能力
责任心、纪律性	1. 负责到底的精神 2. 对工作的坚持 3. 令人信服地完成工作 4. 考虑问题全面 5. 对本职务的要求	1. 你对委任的任务完成不了时该如何处理 2. 你对学校规章制度的看法是什么	1. 自信力 2. 纪律力 3. 意志力

续表

要素	观察内容	提问项目	评价要点
个人性格品质	1. 有无不良的性格（过分狂妄和过分自卑） 2. 有无偏激的观点 3. 回答问题的认真、诚实 4. 掩饰性	1. 你认为现在社会中一个人最重要的是什么性格 2. 你能否"受人之托忠人之事"	1. 诚实真诚 2. 人生观 3. 信用
专业技能学识	1. 对专业知识的了解程度 2. 成绩 3. 对所要从事的工作的认识	1. 你为何选择你的专业 2. 介绍一下自己的成绩和擅长的科目 3. 你有何等特长、具备何种资格 4. 谈谈你从事这项工作的优势 5. 你有什么重要工作经验	1. 专业学识是否符合工作要求 2. 有无特殊技能 3. 有无工作经历
面试结束后你的评价		经过上述面试，请你对你的面试结果做一个初步的评价，并说明为什么	1. 综合、全面评定 2. 尽量减少误差影响

一、"请你自我介绍一下"

这条不用我多说，这无疑是面试的"必考题"。关于自我介绍需要注意的是，介绍内容要和个人简历相一致，在表达方式上尽量口语化，不要咬文嚼字。在自我介绍的过程中，要注意切中要害，多谈自己的经历和技能，不要谈无用的内容。在自我介绍时条理要清晰，层次要分明，建议应聘者最好提前准备，然后背熟。

二、"谈谈你的家庭情况"

这个问题可以帮助 HR 了解一下应聘者的观念和心态。对于应聘者来讲，简单地罗列出家庭人口，强调一下温馨和睦的家庭氛围以及父母对自己教育的重视程度即可。如果对这份工作心仪，应聘者可以谈一下家庭成员的良好状况，并强调家庭成员对自己工作的支持。我个人建议，应聘者可以简单谈一下自己对家庭的责任感。

三、"你有什么业余爱好?"

这个问题是我很喜欢的问题,也是大部分HR都会问到的问题。因为业余爱好能在某种程度上反映应聘者的性格和心态,这是HR喜欢该问题的主要原因。

当然,应聘者不要说自己没有业余爱好,更不要说一些庸俗的、令人反感的爱好。我面试过一名求职者,他说自己的爱好是解剖青蛙,这就让我很不舒服。当然,这个问题没有标准答案,大部分人都说自己喜欢读书、听音乐或者上网,在这里,我的建议是说一些户外的爱好,比如旅游、聚会等,否则可能会给面试官留下一个性格孤僻的印象。

四、"你最崇拜谁?"

崇拜的人能从某种程度上反映出应聘者的观念,这是HR问该问题的主要原因。同样,这个问题也没有标准答案,但却有一些雷区。应聘者不要说自己谁都不崇拜,不要说崇拜自己,要不要说崇拜一个虚幻的或者具有负面形象的人。

我面试过两个青年,一个说自己崇拜陈冠希,一个说自己崇拜动漫里的某个角色。虽然这并无不妥,但总会给HR造成不舒服的感觉。

我建议,应聘者的崇拜对象最好能和所应聘的工作"搭"上关系。而能说出自己所崇拜的对象有哪些品质和思想激励自己就更好了。

五、"你的座右铭是什么?"

这个问题和上个问题相类似,座右铭能从某种程度上反映出应聘者的观念。同样,面试者不宜说些引发不好联想的座右铭,也不宜说些不成熟或太抽象的座右铭。我面试过一个男生,他的座右铭是"我自横刀向天笑,笑完之后睡大觉",让在场的HR都有些哭笑不得。

同时,应聘者也不宜说太长的座右铭,我见过很多应聘者努力回忆却想不起来,白白降低了印象分。在座右铭提问环节,最好能让这句话反映出自己的某种优秀品质。我给出的参考答案是——最怕你一生碌碌无为,还安慰自己平凡可贵。

六、"谈谈你的优缺点"

这个问题也是面试时的必考题。当然,求职者不要说自己没有优缺点,也不要说出严重影响所应聘工作的缺点。这个我们在前文提到过，可以说出一些表面上看是缺点，但从工作的角度看却是优点的缺点。在这里我就不过多赘述了。

七、"谈一谈你的一次失败经历"

这个问题同缺点一样，求职者不要说自己没有失败的经历，也不要说出严重影响应聘工作的经历。最好的回答方法，就是结果是失败的，但你的努力是足够的。你要让 HR 知道，你的失败是因为客观原因引起的，同时要告诉 HR，你能在失败后迅速振作起来，然后用更加饱满的热情面对以后的工作。

八、"你为什么选择我们公司？"

关于这个问题，HR 可以从中了解求职者的求职动机、求职愿望以及态度。我建议求职者可以从行业、公司及职位这三个角度来回答。我给出一个参考答案——国家扶持这项行业，我也十分看好贵公司所在的行业。此外，我看得出贵公司十分重视人才，并且我做过类似的工作，认为这项工作很适合我，我相信自己一定能做好。

九、"对这项工作，你有哪些可预见的困难？"

不宜直接说出具体的困难，否则可能会令对方怀疑应聘者能力不行。我给出的答案是——工作中出现一些困难也是难免的，但是只要有坚韧不拔的毅力、良好的合作精神以及事前周密而充分的准备，任何困难都是可以克服的。

采用这种迂回战术，能让你的印象分更高。

十、"与上级意见不一时，你将怎么办？"

这个问题是一个比较有套路的问题，HR 既不想听到你完全服从，也不想听到你强烈反抗。在职场上也很讲求中庸之道，所以，我给出的答案是——我会给上级以必要的解释和提醒，在这种情况下，我会服从上级的意见。

还有一个小技巧，如果面试你的是总经理，且其他经理不在场，在这种情况下你可以这样回答："对于非原则性问题，我会服从上级的意见。而对于涉及到公司利益的重大问题，我希望能向更高层领导反映。"

十一、"我们为什么要录用你?"

这个问题也是必考题之一,求职者一定要让 HR 知道自己的价值。因此,求职者最好能站在 HR 的角度来回答。以我多年的经验,我可以告诉各位,HR 会录用这样的应聘者:基本符合条件、对这份工作有信心,而且感兴趣。

有一份标准答案——首先,我符合贵公司的招聘条件。其次,凭我的能力以及高度的责任感,我能够胜任这份工作。再次,我有良好的适应能力和学习能力为贵公司服务。最后,如果贵公司给我这个机会,我一定能成为贵公司的栋梁!

当然,这个问题也通常被问成"你能为我们做什么"?求职者只需记住四个字——投其所好。这就要求应聘者能"先发制人",在面试前了解这个职位以及应聘这个职位的人所能发挥的作用。应聘者可以根据这个要求,再结合自己的优势来回答。

十二、"你缺乏经验,如何能胜任这项工作?"

这个问题一般是针对应届毕业生的,请注意,如果 HR 对应届毕业生提出这个问题,恰恰说明该公司并不太在乎"经验"。对这个问题,求职者的答案最好能体现出自己的诚恳及敬业。

我听过一个很不错的回答,分享给各位——作为一名应届毕业生,我确实在工作经验方面有所欠缺,但在读书期间一直都利用各种机会在这个行业中做兼职。在兼职过程中我发现,实践远比书本知识复杂。但我有较强的责任心,我的学习能力和适应能力也很强,在兼职中获取的经验也让我受益匪浅。在学校中学到的知识以及兼职的经验让我一定能够胜任这个职位。

十三、"您在前一家公司的离职原因是什么?"

这个问题是大多数求职者都很纠结的问题,在这里,我要告诉各位的是:避免把"离职原因"说得太详细。HR 一定会站在招聘方的角度,所以求职者不要掺杂主观的负面感受,就像我前文提到的"人际关系复杂"和"公司不重视人才"等等。

当然,求职者也不要涉及自己负面的人格特征,比如懒惰、缺乏责任感等。这是一个比较容易被接受的回答——我离职的原因是上家公司倒闭了。我在公司工作了两年多，对员工和公司的感情都挺深的。但从去年开始，市场形势变了……我们都尽力挽救，但走到这一步还是很遗憾，我只能重新寻找发挥能力的舞台。

当然，同一个面试问题并非只有一个答案，即便是最好的答案也不一定在所有的面试场合都适用，主要就是掌握面试问题的规律，有意识地揣摩 HR 和求职者的心理背景。以上就是我对面试官问题的详细讲解。

15. 特殊人才招聘

引文：

老张神秘兮兮地指着前面西装革履的年轻人都对我说道："喏，咱们单位新挖来的高管，一上来就比咱俩工资高。"

我有些不以为然："人家是从香港大公司出来的，我们也要及时吸收资本主义的精华嘛。"

老张撇嘴："希望他别像上个挖来的高管一样，当初为了招那个高管，咱们单位开了多少条件，给了多少福利，结果才干俩月，啥业绩都没有，拍拍屁股就走人了。"

就像引文中说到的，很多企业每年都会招人，每个月都在招人，甚至每周都在招人。结果是钱没少花、时间没少花，但还是招不到满意的人才，或者人才只在公司待几个月就走人。在这种情况下，企业的项目或目标都会因为人才不到位而无法落实，老总们只能无可奈何。

究其原因，还是因为企业不知道特殊人才招聘的关键之处。如果没有一个长远的人才招聘规划，就没办法招到人才、留住人才。我希望通过 6 方面的分析，给广大的人才招聘者们一些启发、帮助和指导。

特殊人才面试表

应聘职位		面试人		面试日期	
专 业 知 识					
管理工作或看法					
工作积极性及领导能力					
发展能力					
要求待遇			其 他		
面试人员意见					

参与面试人员签名：

一、"定"

"定"就是定位。作为一名 HR，首先明确的问题就是招聘什么样的人才。HR 要清楚，究竟什么样的人才才最适合企业的发展。因此，我对特殊人才的招聘原则是：不求最优秀，但求最适合。

这里我先不谈企业一定要有战略性的人力资源规划，因为就目前来说，我国的大多数企业还很难做到这一点，但至少在招聘特殊人才之前一定要先做好人才的需求分析：

每次招聘前，HR需要确认本次招聘人才的类型，定位要精准，比如人才的学历、专业、技能、经验甚至年龄、性别、性格、兴趣及身体等。只有这样，HR在招聘人才的时候才能做到"胸中有数"。

二、"瞄"

"瞄"即瞄准。前面的"定"，是为了明确我们要招聘什么样的人，而"瞄"则是要确定我们到什么样的目标群体里去寻找人才。这点相当重要，大部分公司在招聘特殊人才时对其定位也非常清楚，招聘目的也很明确，但最后通过发布招聘广告收集来的招聘简历却寥寥无几，分析其原因就是在错误的目标群体里发布招聘信息，也就是我说的"瞄"得不准。

如果"瞄"得不准，就会使企业真正需要的特殊人才白白流失，也会让不符合公司发展的人浑水摸鱼，增加招聘的工作量和难度。当然，特殊人才很好甄别，他们大多有着丰富的工作经验，且对自己的领域有独特的见解。同时，他们不会轻易接受他人意见。因此，当他们觉得企业不适合自己时，就会拍拍屁股直接走人。

三、"传"

"传"即传递。HR需要把企业渴望的特殊人才传递到目标群体中，让特殊人才知道，有企业正在真诚地寻找他，让他能够被企业吸引，投上自己的简历。

当今社会，信息的传播途径已越来越多，报纸和杂志等传统招聘渠道已经不能满足招聘的需求，因此，我给各位列出一些可供选择的"传"的途径：

网络。这是当前最受欢迎的新型招聘信息发布渠道，随着社会的发展，网络招聘也将牢牢占据招聘的主要地位。网络招聘的优点是成本低廉、传播幅度广、效果较好。此外，在网络招聘中，企业也可以将公司的产品照片挂到网站上进行宣传。

人才招聘会。这是一个比较传统的招聘渠道，人才招聘会最大的特点是人才比较集中，且费用也不高，在寻找人才的同时还能起到对企业的宣传作用。

猎头机构。猎头的费用比较高昂，对于一些急于完成项目或目标的企业来说，重要的人才和高级管理人才都很难在短期内通过传统的招聘方法招到。这时候，企业就只能借助于猎头机构。因此，企业要同有影响力的猎头机构建立起合作关系。

员工推荐。员工推荐是企业召集特殊人才的重要途径，企业员工可以把自己周围认识的优秀人才推荐给企业，企业员工了解企业文化，推荐的人更适合企业的需要与发展。当然，员工推荐的特殊人才也要遵循企业的甄别程序。员工每成功推荐给企业一名优秀人才，企业就要给予推荐者一定的奖励。

四、"吸"

"吸"就是吸引。这一条很好理解，你凭什么去吸引特殊人才来你公司发展？也就是说，你发布的招聘信息里有哪些可以引起特殊人才的注意，让他们主动把简历投给你。一般情况下，能有效吸引特殊人才的途径有以下几种：

被企业文化所吸引。优秀的企业文化是吸引人才的第一要素。因此，HR 在策划招聘文案时一定要花些笔墨来介绍企业文化，比如企业的发展历史、发展规模、发展目标、价值观等等。

待遇吸引。应聘者在选择企业的时候，都会注意到公司的待遇问题。我是一名国企的高管，但我深知有很多民营企业在招聘人才时只承诺"本公司提供优厚的待遇"，却没有给出具体的薪资范围，那样的招聘广告就一点儿吸引力都没有了。

对此，我给出的建议是，企业对特殊人才进行招聘时，最好明示出具体薪酬待遇，但就像我在前文中提到的那样，最好采用范围年薪的方式，比如把年薪设置成 20~40 万元。20 万代表的是特殊人才的年薪，40 万代表特殊人才的升值空间。

被职位和发展空间吸引。作为一名职场人，所追求的无非是一个好的职位，以及一个有上升机会的发展空间。有的公司承诺"本公司提供广阔的发展空间"，其实这种承诺同上面的优厚待遇一样，都是虚的东西，应聘者尤其是特殊人才更愿意看到实际的东西。

HR 可以具体列出入职培训、职业化训练、中高层管理人员培训、在职教育、职业生涯体系和职业辅导等活动，让特殊人才能够切实感觉到发展空间的存在。

人数吸引。应聘者经常能看到这样的招聘广告——本公司招聘部门经理 1 名。当然，这是事实，但却没有什么吸引力。因为只招聘 1 名经理实在太少了，会把很多优秀人才挡在门外。因此，企业在招聘人才时可以适当地把招聘人数放大。

我有一个朋友是外企人事部高管，他在进行招聘时经常会把招聘人数扩大到 10 倍左右。比如他发布的招聘高级软件工程师 60 名，最后真正入选的都不到 6 名。

五、"选"

"选"就是甄选。不管你之前的工作如何天衣无缝，在这一环节都不可避免地在简历中遇到"鱼目混珠"和"滥竽充数"的情况。因此,把真正优秀的人才"拣选"出来就是人才招聘的关键。

简历筛选可以说是特殊人才筛选的第一步,HR 在初步评选时,大多会把人才分成 A 类明显合格、B 类基本不合格和 C 类明显不合格三类。如果 A 类人才足够,则不考虑 B 类人才;如果 A 类人才不够,可以考虑在 B 类人才中挑选出优秀的人才进行再培训。

同普通人才一样,特殊人才的招聘工作也需要进行初试和复试。初试一般会采取笔试方式,对于重要的特殊人才还可以加上一项心理测试。对于特殊人才的初试试卷设计,一定要考虑到智力、基本业务能力和素质问题。

而复试则会采取面试的方式。现在面试的种类有很多,比如自由面试、结构化面试、半结构化面试、压力面试、行为事件访谈法 BEI、情景 STAR 面试法等等。每个企业可以根据不同人才的特点,选择最适合的面试方法。

六、"留"

"留"就是留住人才。就像我在引文中提到的,很多企业老板好不容易才招到几个好的特殊人才,却在短时间内就空欢喜一场,有的甚至过了面试却没有来,这是怎么回事呢?说到底,就是 HR 的留人技术不过关。

要知道,招聘是一次双向选择的行为,绝不是某一方的一厢情愿。在招聘过程中,企业可以选择自己中意的对象,特殊人才也更有权选择自己心仪的企业。所以,企业在整个招聘过程中留住人才也是非常重要的。

要想把特殊人才留住,考察期一定要短,最好在 15 天以内给出自己的答复。否则时间长了,应聘者也不会久等,而是另谋高就了。还要注意一点,那就是不要对特殊人才隐瞒公司的真实情况。如果特殊人才发现公司的实际情况与 HR 告知的情况不符,也是会随时走人的。

因此,企业人才招聘确实不是一件简单的事,而是一项非常复杂的系统工程,只有认真抓好上面六个字,才能有效地保证企业每次人才招聘的成功。以上就是我对特殊人才招聘的详细解读。

第四章 岗位培训

16. 培训的重要性

引文：

　　午餐时间，我照例去单位的食堂打饭，一个小姑娘主动跟我打了声招呼。我认出她了，她是我面试的一名应聘者，在面试时的表现十分突出。于是，我对她点点头："怎么样？还适应单位的工作吗？"

　　小姑娘用力点点头："当然，我正在参加单位的岗位培训，希望我能在培训期间学到些东西。"

　　我拍了拍她的肩膀："有这样的想法就是好事情，单位的岗位培训非常重要。对于你而言，也是有所助益的事情。"

我在引文中说到了，职工岗位技能培训是件很重要的事情，这并不是我"打官腔"，事实就是如此。岗位培训也是企业的一种生产力，企业员工只有通过培训，才能让技能有新的提升。员工只有完成生产操作的培训，在接下来的工作中才能得到进一步规范，工作效率才能进一步提高。

在岗位培训的过程中，企业能与员工进行最大化的磨合，其流程的接洽也会更加流畅，在无形中节约企业的成本，最终形成"培训—技能提高—企业发展—再培训"的良性循环。我这么说吧，职工岗位技能培训就是企业和员工的双赢活动，无论是对企业的发展还是对员工的培养，都能起到至关重要的作用。

要知道，一个注重员工培训的企业能够很好地提高员工素质，从大方面来讲对提高社会就业率、保障社会稳定也将起到良好的社会影响。下面，我将从5个方面详细解读一下岗位培训的重要性。

在职技能培训计划申请表

培训班名称		本年度举办班数		培训地点		
培训目的						
培训对象		培训人数		培训时间		
教学目标						
培训科目	科目名称	授课时间	教师姓名	教学大纲	教材来源	备注
培训方式	1. 上课实习同时进行：每日上课 小时，实习 小时 2. 上课与实习分别进行：上课 周（月）每日 小时 3. 全部培训时间在现场实习：每日 小时 4. 讲授方式：讲课 座谈 讨论					
培训进度	周次		培训内容摘要			备注

一、员工培训是增强企业竞争力的有效途径

我早就说过，现代企业的竞争说到底就是人才的竞争。随着知识和技术的更新速度越来越快，企业也需要不断更新技术和理念，这就意味着要不断对员工进行培

训，让员工能跟上企业发展的脚步。

岗位培训也可以看作是规范员工工作流程的培训，要知道，规范的工作流程能最大限度地避免员工出现错误和危险。比如我们单位有个操作机器的工人，他没有参加过单位的岗位培训，导致开机器的时候颠倒了开关按钮，造成机器毁坏、人员受伤的严重后果。这不仅给企业造成了巨大损失，也给员工本人造成了巨大创伤，因此岗位培训相当重要。

通过岗位培训，能使员工对企业决策的理解力和执行力得到增强，让员工明晰企业先进的管理方法，同时提高自身素质，也提高企业的市场竞争力。

二、员工培训可灌输企业文化、增强企业凝聚力

通过培训向员工灌输企业的价值观，培养员工的行为规范、学习习惯，使其能够自觉地遵守各种规章制度，从而形成良好、融洽的工作氛围，增强对工作的满意度和成就感，通过不断学习和创新来提高效率、通过培训，企业方面能够增强员工对组织的认同感，增强员工与员工、员工与管理人员之间的凝聚力及团队精神。

员工培训是培育和形成共同的价值观、增强凝聚力的关键性工作。就像我在前文提到的，企业人才队伍的建设方式有两种：一种是引进，一种是企业培养。所以，企业需要进行岗位培训，把企业价值观不断输送给员工，让员工有一个良好的行为作风，自觉按惯例办事，形成良好、融洽的工作氛围。

三、员工培训是激励员工工作积极性的重要措施

岗位培训就是建立一个充分激发员工活力的机制。通过岗位培训，企业能让员工看到发展的前景。因此，员工培训是一项极其重要的人力资源投资，也是一种有效的激励方式。

需要注意的是，这种激励方式要长期、持久地坚持下去。不管是新员工的入职培训还是老员工的职业技能培训，目的都是让他们看到，自己通过工作能得到提高和更好的发展。

培训对员工有激励作用，不管是新入职的员工还是企业的老员工，都是企业有价值的一项投资，而且是一项双赢的投资。培训不仅能让员工的积极性和创造性得到提高，还可以直接让企业达到受益的目的，同时还会增强员工本人的素质和能力。据我调查，岗位培训是大部分员工都很看重的条件，他们也希望通过在企业中提升

自己、得到更好的发展。

员工培训是一项重要的人力资源投资，也是各个企业一种行之有效的激励方式。就拿我们单位来说吧，单位经常会组织业绩突出的员工去参观先进企业，同时鼓励职工利用业余时间进修，单位给报销费用等。

据我单位的相关调查，进修培训是许多职工看重的一个条件，因为金钱对有能力的员工的激励只能是暂时的，只有长期坚持才有效。所以有人说，培训是企业送给员工最棒的礼物。

四、员工培训计划要有创新

除了有效开展岗位培训外，更主要的是企业要贯穿"以人为本"的思想，结合实际情况，在不影响实际工作的前提下，体现企业的远瞻性和人性化。就像之前提到的，员工培训不仅仅是为了满足眼下的需要，更是为了未来的长远发展。这也要求根据企业的目标，开发出一套别具一格的培训计划。

企业的岗位培训要根据不同部门、不同层次、不同岗位来制定不一样的技能培训，目的是为员工建立起学习型的组织，让企业时刻都能有新鲜血液注入。

学习型企业顾名思义，与普通企业的最大区别就在于永不满足。学习型企业能够不断提高产品质量和服务质量，通过不断的创新来提高效率。因此，我建议企业多多开展岗位培训，建立一个能实现创新的人才培训机制，让企业不断获得效益的源泉。建立学习型组织代表现代企业管理理论和实践都能不断创新，因此，企业若要想尽快建立学习型组织，就要有效开展各类培训。

五、培训是企业给员工最好的福利

这几年在人力资源行业中，最流行的就是绩效考核。绩效考核的目的就是让员工的工作更有激情，更有发展空间。当然，如果没有正确的引导措施，只是单纯出题考核，最后的结果就是把大家都考走。只有先进行岗位培训，才有考核的必要。

我这么说一点都不过分：培训就是企业给员工最好的福利。因为岗位培训不但对企业有利，还能提高员工的技术水准。员工在参加岗位培训时，会在岗位规范、专业知识和专业能力方面都有所提升，然后不断进步，参加更高层次的技术培训，以及职务晋升方面的培训，让自己的知识和能力更上一层楼，以适应未来岗位的需要。

我们单位有很多员工都觉得："我是本科毕业生，在学校学的知识还不够用吗？还需要培训吗？我只要高工资，培训什么的对我没作用啊。"

实际上，员工在工作中需要的知识大多都无法在学校获取。更何况现在是知识经济时代，每年都要更新，甚至5年就会换代。也就是说，你在几年前学到的知识，到现在已经被更新得差不多了，只有学习能力才代表着未来。

把培训当作福利，也有利于企业正确认识跳槽的问题。我的某位国企人事部总监说过："我们认为员工不会终生都在一个地方工作，所以无论他们是在这里还是离开，我们都会尽力为他们提供帮助。"

事实上，跳槽并不应成为公司和员工间的雷区，因为每位进入公司的优秀人才都会在将来的某一天离开公司。如果他们是优秀的特殊人才，而且是为了谋取更好的发展空间，那么强留他们对公司也没什么好处，还不如放手，保持一种良好的关系更为有利。

我见过很多优秀人才，在外面摸爬滚打一圈后又回到了原单位。这些选择回来的员工会对公司更加忠诚。而岗位培训说到底，也是企业的一种有效投资。现如今，企业对职工的感情投资正逐步加大，而岗位培训就是感情投资的重要方法之一，这也有利于企业挽留人才。岗位培训是一种长期有效的消费，也意味着企业给了员工"明天的饭碗"，双方都会获益。

培训的重要性并不仅仅在于以上几点，我想说的是：一切从实际需求出发的培训，对企业都是有利的。虽然培训师需要投资和成本，但这个投资所带来的有形和无形回报也是显著的。正所谓"工欲善其事，必先利其器"。给员工合适的培训机会是人力资源工作者的责任，也是面临的挑战。

17. 培训的潜规则

引文：

午休吃饭时，策划部高管跟我抱怨道："我朋友参加了一个培训，去的是北京一个培训机构，交了一万多块呢。"

我有点疑惑："为什么要去外面参加培训呢？"

策划部高管一边吃饭一边说道："他能力一般，在北京就更不显眼了。

参加过几次面试，录取他的公司给的工资都很低，而他想去的公司，人家又不要他。"

我对引文中策划部高管提到的培训机构其实并不抱有好感，当然，我不是针对培训机构，但不可否认，当今市场上的大多数培训机构都有潜规则。

培训机构大火的原因，是它们给了求职者这样一个误区：培训机构不仅能教给你知识，还能增加你的就业成功率。可现实是，市场上90%以上的培训机构都是圈钱的空壳公司。尽管我之前也知道市场上的培训机构良莠不齐，但看到这样的数据还是令我震撼。

我从事人力资源工作也有十多年了，见过无数参加培训的员工，也培训过无数员工。中国进入飞速发展的黄金期还很短，求职者能接触到的知识也很少，对各类专业技能的掌握也不熟，尤其是IT行业。电脑热潮是从上世纪90年代开始的，那时候电脑还是个稀罕物件。然而，随着IT行业的逐渐走热，越来越多的培训机构也盯上了这群渴望用知识改变命运的人们。

培训机构如雨后春笋般出现，然而，这些五花八门的培训机构的含金量却越来越低。我有很多员工都吃过这样的亏——培训机构为了尽可能多地招生，尽快实现教学循环，于是在广告中夸大证书的重要性，将一些不熟悉内情的求职者忽悠了进来。培训机构会通过填鸭式的课本教学，制造出一个只有理论而没有实践的"证书学生"。而受骗的高发群体，就是刚刚毕业的应届生们。

随着就业形式越来越严峻，很多毕业的应届生都希望能够通过培训给自己找到更多的就业机会。然而，等到培训结束后，学生们才发现自己上当受骗了。这些现象，或者说是潜规则，就像一颗颗毒瘤腐蚀着整个行业，也让一些正直的培训机构蒙上灰尘。下面，我就给求职者分析一下培训机构常用的潜规则手段。

一、虚假宣传

某些培训机构就如同虚假保健品的广告一样，无论是大是小，无论有名气还是没名气，只要能吸引客户的目光，就会把宣传虚假夸大。许诺是培训机构最擅长的潜规则之一。不管是高薪的工作还是各种证书，不管是学成包推荐工作还是学不成全额退款，他们都可以给你承诺。

我有位好友，他从单位辞职后，在一家培训机构做了培训师，然而干了不到半年，就因为受不了良心上的谴责而又回到了我们单位。下面，我把他的经验分享给各位求职者：

很多年轻人都希望可以通过培训机构找到一份好工作，改变自己人生的命运，就算不能找到工作，也可以丰富一下自己的简历。培训机构就是针对求职者的这种心理，专门加重"高薪""包就业"这样的字眼，用夸张的就业信息和就业数据作为诱饵吸引求职者报名。

我朋友所在的培训机构是这个行业里出名的大机构，承诺学成后包分配这样的"定心丸"。他们在打宣传战时，甚至在电视中打出了这样的广告："我们已经和500余家公司企业签订了人才输出合同，能够保证学员100%就业……"

当然，大家都知道靠这些宣传还是不能让所有学员都立刻掏钱，于是，有学员打电话或上门咨询的时候，培训机构的人员就会提出与学员签订一份就业协议。协议上往往会写着，你在培训结束后，就可以立刻得到工作机会。我同事说道："在合同中我们甚至可以承诺当你对第一份工作不满意后，还可以选择更换工作。"

可现实却非如此。当你交完钱，辛辛苦苦地熬到毕业，进入他们给你介绍的工作岗位后，就会发现你的工资只在最低水平线左右。不仅如此，你得到的工作也是一些劳动强度大的工种。这些工作会让你难以忍受，坚持不了两个月就会主动辞职。我同事说道："因为是你自动放弃的工作机会，怪不了我们培训机构，我们也履行义务了。"

二、证书夸大

绝大部分培训机构都承认：从机构里走出来的学员，就算合格了，也顶多是个背书机器。培训机构里缺少实践内容，也培养不出动手能力和创造性思维俱佳的人才。

这的确是很无奈的现实，且不说培训机构的初衷是什么，因为培训机构中的许多老师，不是大学中出来走穴的老师，就是通过简单的招聘找来的临时代课老师。这些代课老师多数都不具备任何教师资质，甚至缺乏能够作为相关学科老师的教学资本。而走穴的老师虽然具有相应的教学水平，但是走穴教学毕竟是副业，不能够占据这些老师的主要精力，因此效果也会大打折扣。

培训机构的老师更关心什么呢？不是学生究竟学会了没有，而是怎样才能让学生通过考试，拿到相关培训的证书。有的人会问了，这不一样吗？当然不一样，只有学生们拿到了证书，老师们才算完成了任务。因此，每个老师都会把主要精力放在如何让学生背题上。我敢毫不留情地说："这样培养出来的学员，基本上都是废材。"

这些靠死记硬背拿到的证书，除了在挑选简历时会让人多看上一眼外基本上毫无用处。就算靠这些证书进入了复试，没有真才实学照样会被淘汰。实际上，参加培训就是为了增强解决问题的能力，学到这个比拿什么证书都有用。

三、偷换概念

偷换概念是培训机构常用的潜规则之一，比如接待人员经常会说这样一句话："我们这儿是正规培训机构，费用高是物有所值。"这恰好迎合了一些学员的想法——人在购物的时候都会有一个心理：物品越贵重，质量就越好。但在培训方面，却不是钱越多学到的知识就越好。有些培训机构实力和设施都很弱，但也会收取高昂的学费；有的培训机构会承诺包分配，然后再收取高昂的学费。

大部分培训机构入门就要交数万元培训费用。对于这种培训机构，无论宣传得多天花乱坠，也建议不要考虑，因为成本太高了。说到底，如果你只是为了考证，几百元的培训交给你的东西也不差。如果是为了包分配，那就更不要相信了，前面我也提到了培训机构推荐工作的特点是什么。

此外，教材也是培训机构偷换概念的一方面。培训机构是不能强制学生使用某种教材的。因此，在选择培训机构的时候一定要对科目和教材有一定的了解，要比对培训机构提供的教材与书店教材的差别，防止培训机构坑钱。

我为什么说教材是培训机构偷换概念的一部分呢？因为不少培训机构都打着包学包会的旗号营销自己编写的教材。培训机构不但夸大该教材的功能，还要求大家统一使用。由于挂了"某培训机构专用教材"的字样，所以价格也比普通教材要贵出很多。而实际上，教材的内容和书店能买到的教材大多相似，甚至还有的培训机构的教材完全是直接抄袭或东拼西凑的。

以上就是培训常会遇到的潜规则。下面，我再给各位讲一些预防潜规则的方法。

正规的培训机构都允许试学试听，求职者在试学阶段认真听几堂课，就会觉察出老师的真实水平。如果老师在传授书本知识的同时还教授了实际经验，那就可以参加培训；而如果不是，那就需要重新考虑一下了，千万不要把自己当作实验品。

还有一些培训机构专门让在校大学生或其他行业的员工临时充当授课的名师。这种情况也好判断，如果你的讲师非常年轻，而且讲课的时候只讲书本上的东西而没有进行拓展,那你还是赶快换一家培训机构吧。

在交学费之前还有件重要的事情,那就是接触一些正在培训的学员,尤其是要毕业的学员,从他们对培训机构的评价里判断培训机构的教学水平。这一步是很多想参加培训的人容易忽视的,他们往往只是听了培训机构的名气就交费了。

18. 企业外训与企业内训

引文:

  我经常对老张说的一句话:"培训很贵,不培训更贵。所以我们不要心疼培训的钱。"

  这句话也让老张深表赞同。某次我们又谈到了一句话,一位人事部的同僚却加以反对,他说:"咱们企业外训每次都大张旗鼓,但是培训的效果却差强人意。结果就是浪费了时间,还浪费了金钱。"

引文中提到的问题,也是很多中小型企业面临的问题。像我们国企大单位外训的机会多,也能承受得起外训的花销,但企业外训对中小型企业真的有必要吗?是不是企业内训更好呢?下面我就对企业的外训与内训做一个详细的对比。

企业年度培训计划

序号	培训类别	培训班名称	举办部门	培训人数	培训时间	培训内容	教师	教材	培训地点	备注

一、内训和外训的区别

要想回答这个问题,就要先理解一下什么是企业外训。企业外训是指企业请社会上的培训机构对员工进行培训的活动。也就是说,企业想通过社会上的培训资源来弥补企业内训的不足。而企业外训的特点就是节省时间、提高效率。就拿我们单位来说吧,我们外训的方式基本上有聘请外部讲师、聘请专门培训机构、聘请咨询公司、聘请学校教育基构等。

有的求职者会问了,企业内训是什么呢?企业内训说白了就是指培训公司根据企业培训的需求,为企业量身定做的企业课程,具有培训时间、培训地点方面的充分灵活性。

企业内训是世界500强企业普遍采用的一种培训方案。但不只是我们单位,现如今已有越来越多的企业开始认识到企业内训能达到他们的培训和发展需要。因为培训机构会结合客户自身的实际需求,给客户制定一套独一无二的内容。

当然,我们单位也经常会组织员工外训。因为员工的工作时间总是不固定的,工作内容也比较多。在大多数情况下,我们很难组织覆盖全单位的内部培训。这时候,人力资源部门就要考虑让员工到外部的培训机构去参加培训。

另外,对于需要员工共同学习一些行业知识、企业文化或工程技术内容时,内训的方式也更容易满足对方的需求。通过内训的方式也有利于建立长期服务的合作关系,用长远眼光看,企业内训更有利于培训经理更系统地管理和规划培训过程。

二、企业内训的优缺点

前面说了那么多,就是为了告诉各位,企业外部培训也好,内部培训也罢,都是有自身优点和局限性的,我先给各位分析一下企业内训的优点。

要知道,内部培训是企业为了提升人员素质或技能而实施的学习活动。毫无疑问,内部培训是企业培训体系中不可或缺的组成部分,因此也具有以下优势:

首先,培训的内容更具有针对性。因为企业内训的培训师大多是通过内部选拔而产生的,这类人对企业的情况很熟悉,不管是企业的商业模式还是文化愿景,不管是员工结构还是素质状况,他们都有较为深刻的认识。况且,一般选拔出来的培训师都是单位的高管,他们更清楚员工有哪些培训需求。

其次,企业内训经济实惠。人力资源一直都倡导节约成本,因为人力资源部的人都知道外部培训市场费用的高昂，尤其是课酬费的支出。虽然我们单位一直都倡导加大培训投入，但还是要从培训成本考虑，尽量由企业内部开发和管理培训师。

再次，企业内训可实现员工能力和经验的传承。大部分企业都一味地依赖高管和核心员工，当然，这从短期来看是无可厚非的。可一旦这些精英人员流失，就可能让某些项目滞后，甚至让整个企业都陷入到困境中。然而，通过内部培训，精英人员可以把一些重要的经验和能力提炼出来，搞出一套培训课程，便于在员工之间实现快速嫁接。

最后，企业内部培训可以增强组织的凝聚力。这不但能增强企业内部不同部门之间、不同级别之间的交流，还能在一定程度上缓解员工之间的陌生感，让员工们在培训过程中彼此沟通、彼此学习、彼此认同。

当然，内部培训也有其局限性，比如人选上的局限性。培训师大多是从公司内部选出的，因此合适的人选不会太多。很多企业都没有专门的培训师，只能让高管和核心人员代替，这对他们来说无疑是百上加斤。有些具备培训能力的员工，也可能因为其他重要的事务而无法腾出时间来给其他员工进行内训。

由于内部培训师的主要经验都来自企业内部，所以不可避免地带有一定的思维上的局限性，这不利于员工开拓思路，全方位接受新知识。

三、企业外训的优缺点

与内部培训相对的一种培训方式便是外部培训了。企业的外部培训是指学员利用外部资源不断学习、不断提高能力的过程。在内部培训的优缺点一段，我已经说到外部培训可能会带来高昂的成本费用，但即便如此，还是有越来越多的企业愿意投入。其优点主要有以下两条：

第一，外部市场的选择范围广，员工能够获得专业的、高质量的培训。在企业培训被日益重视的今天，专业的培训师资源数不胜数。从质量上看，内部培训师本身就有局限性，尽管实际经验丰富，但其在知识的深度和广度上都不能和专业的外部培训师相提并论。

第二，企业能够通过外部培训带来许多全新的理念。与内部培训师相比，专业的外部培训师视野更加开阔，他们能够给企业注入新鲜的经验与理念。

但是相对的，企业外训的局限性也很明显。

首先，便是一再强调的高昂费用问题。其经济性远远不及内部培训，在企业人员基数大、培训需求量大的时候，企业很可能无力承担。

其次，外部培训师质量良莠不齐。企业不可能对每一位外部培训师的能力都了如指掌，当外部培训师质量不高、无法满足企业需求时，企业外训就具有一定风险性了。

再次，外部培训师虽然专业技能强，但对企业缺乏了解，很容易造成传授的东西缺乏实战性，达不到企业期望的效果。职业外部培训师在丰富的讲解技能的背后，也可能无意之中疏忽了一些基本概念的推导。

最后，人无完人，想让外部培训师不出一点错误也是不可能的。此外，企业在聘请职业外部培训师时，如果忘记让他们对基础概念这方面进行考核，培训师们自己也不会主动提出考试。毕竟，外部培训师对细枝末节方面都不会太讲究。

内部培训和外部培训都各有其适用性和不足之处，不存在绝对的好坏之分。这也要求企业在培训时，要结合自身的实际情况，综合考虑，灵活选择，把内部培训与外部培训综合起来看待。就如同选择交通工具出行一样，人多可以选择开车回家，人少则乘坐火车更合适。

综上所述，我对企业内训和企业外训的选择给出如下建议：

当企业的培训人员数量较多时，应以内部培训为主。大多外部培训都是按人头收费的，如果企业员工的培训数量大，企业就会面临巨额的培训成本。并非所有受训员工都能给企业创造价值，因此投入高于产出的现象也比比皆是。

当学员数量较少的时候，应以外部培训为主。虽然外部培训费用高昂，但如果是培训个别精英员工，那企业不但不会有太大的负担，还能通过精英员工的专业化培训获得新理念、新技能，对于企业和员工来说都是一笔潜在的财富，假以时日也很可能为企业创造超额的价值。此外，精英员工进行外部培训，也不会影响企业员工的正常工作效率。

以上就是我对企业外训与企业内训的全部内容。

19. 核心人员的培训

引文：

  大领导开会。在会议上，大领导重点表扬了业务部的一名高管和两名员工。在掌声间，老张轻声对我说："业务部是咱们单位的核心部门，说白了，咱们这些部门都是为核心部门服务的。"

  我点点头表示同意。确实，每个企业都有自己的核心部门，也有自己的核心员工。其他部门的员工难免会艳羡核心部门的待遇，但他们却忽略了，公司的大部分利润都是由核心部门和核心员工们创造的。

  "我们今年会选出一批核心人员来进行培训，这次培训会由业务部和人力资源部共同完成。"大领导用这样一句话给会议做了结束。

就像我在引文中提到的，核心员工就是企业的精英，他们能够帮助企业实现战略目标，或者保持、提高企业的行业竞争优势，或者直接帮助企业提高经营能力，抵御企业管理风险。核心员工很好辨别，他们都具有较高的知识或能力，也是各大企业争夺的目标。

总而言之，核心员工就是企业关键知识和技能的持有者，也是企业参与市场竞争的有力武器。企业对核心员工的培训应当从两方面入手，一方面是提高核心员工对企业的忠诚度，避免核心员工跳槽；另一方面是积极发挥核心员工的资源优势，为企业创造更多的财富。这两点才是企业在培训核心员工时应当着力探讨的问题。

下面我就从这两方面入手，详细解读一下核心员工的培训方案。

核心员工外部训练申请表

姓 名		工 号		部 门		职 位	
受训机构				受训课程			
备 注							

我个人希望参加上项机构所举办的训练,训练课程细目如下,所需经费希由公司负担,此项训练必须增加我未来的工作效率,其中课程训练时间,如有任何改变,我必得依照公司规则通知有关部门。受训练时间个人如触犯任何公司训练规则,愿意由公司扣除本人工资以抵缴公司代付的学费。

课程内容	名 称	日 期 起	日 期 讫	学 费

审核	姓 名	日 期	姓 名	日 期

一、培训核心员工的基本素质

对核心员工培训的首要目的,是让其明白在企业内的角色定位及预期行动。因此,企业应当把加强部门间的交流、掌握与企业外部人员的沟通技巧放在重点部分。培养核心员工角色意识的方法有两种,分别是授课法与讨论法,在培训核心员工基本素质时,我建议把这两种训练法相结合。

在培训开始前,把企业的核心员工集合起来,采用 5 人一组、为时 3 天的集体住宿方式,让核心员工们共同上课,一起讨论。这种培训方法的目的是明确核心员工的行为准则,让员工明确目标定位。高管也要注意收集管理层对核心员工的期待值,并让核心员工知道高管层对其的期待值,在培训结束后得出团体性的结论。为了把核心员工训练成高效的企业目标执行者,企业应当重点培训他们以下几方面基本素质：

首先是培训核心员工的自我控制能力和约束能力，如果核心员工没有强大的自控力和约束力，就会成为脱缰的野马而不服管教，对企业的发展也会造成不利影响。

其次是要对企业的发展目标有强烈使命感和责任感。核心员工要勇于承担风险，对于富有挑战性的工作，要抱着一种迎难而上的态度。

再次是要形成一种市场竞争能力，企业在培训过程中，要凝聚全部力量，力求取得最好的工作效果。

最后是培训核心员工的威信、勇气和魄力，要重点培养核心员工的忠诚可信度。

具体操作方法我推荐单独脑力激荡法。培训师可以根据核心员工的职务不同，把核心员工每5人分成一组，以"核心员工要怎样配合工作的顺利开展"为主题进行讨论。在培训过程中，核心员工要提出解决问题的方案，并且明确自己的目标。

采用脑力激荡法的具体步骤如下：

1. 每位核心员工都要明确自己的角色定位及承担的使命；
2. 明确自己的奋斗目标和努力方向，分析企业要如何实现自己的战略目标；
3. 对当前的行业状况、顾客需要和竞争对手情况进行了解；
4. 分析核心员工所在部门的问题及不足，并由核心员工本人提出解决问题的对策；
5. 对核心员工提问："你如何选择最适合企业及个人发展的行动方案？"

二、培训核心员工的执行力

人力资源部在为企业人员做素质测评的过程中，经常会发现高效型的领导者身上有很多特点都是相似的，这也给我带来了一个重要启示：执行者不仅仅是一个人，更是一个角色。他们的区别只是充当的角色不同。

对核心员工进行培训的目的，就是企业需要拥有一大批高效型执行者，只有这样才能让企业具有活力和竞争力。在我看来，对高效执行者的培养可采用三种方法：

第一，在培训过程中重新定义执行者和领导者。扮演领导职务的核心员工，应当站在高处放眼全局，制定企业的战略目标，与同事取得共同语言的技巧；扮演员工者，应当学会通过其他人员力量，共同完成一个较大的目标，同时自觉遵纪守法，服从领导的指派。

大多数企业会认为，只有领导才需要重点培养，执行力是每个员工都具备的。

我只能说这个想法大错特错,这个认识主要犯了以下三方面错误:

1. 误以为领导者比执行者重要;
2. 认为当执行者是件容易的事;
3. 执行者的动机或才干,都是从领导者那里获得的。

很多企业的高管或老总都会犯这样的错误,而想要有效地克服这些误区,提高核心员工的执行力,可以通过以下方式:

增强核心员工独立思考能力。提出不同意见并想办法让他人接受;树立个人威信和威望;使核心员工的目标和企业的目标相一致;核心员工要明确,个人行为要对企业、领导和同事负责;保持和领导者之间的融洽关系。

第二,在工作中及时做出评价与反馈。核心员工在培训过程中,可以采取同级评价、上下级、自我评价、直接对领导做出评价等方式来获取相关信息。如果在评价过程中发现问题,要进行总结和答复,这对核心员工的培养也大有助益。

第三,增设对核心人员有鼓舞力的组织结构。作为一名优秀的执行者,核心员工应当学会用高效的工作来弥补整个团队的效率低下问题。

这里,我也会给出培养这项能力的有效做法:把权力下放到基层,充分发挥人才的主观能动性,让他们用自己的想法,在相对宽松的条件里解决工作中的问题。同时,让核心员工充分发挥执行者的积极作用,制定有效的奖励制度。企业还要创造条件,让核心员工能够参与企业各项工作的制定。

以上就是我对核心员工培训的具体讲解,下面我将给各位系统地介绍一下核心员工的培训方案。就拿我单位的核心业务推销员做例子吧:

我单位培训的核心推销员已经在单位里服务了14年,并长年在业务部的一线工作。他有一定数量的下属,虽然是员工,却在现实中担任了一部分经理的职责。当然,他并不是完全的管理者。

我单位的培训目的,是要核心员工达到缩短预期销售量与实际销售量之间差距的目的。训练安排计划的时间是3天2夜,所有参与培训的员工实行集体住宿,并采用授课法、分组讨论法和角色演示法进行。

在明确了以上条件后,接着是制定训练的内容及重点:我单位的训练重点是让核心员工了解自己应有的角色意识,培养其执着追求的精神;培训核心员工的商业谈判技巧,学习具体的行动方案,如采取何种推销手段、有效的访问次数、推销数量等。

为期3天2夜的训练安排表如下：

第一日

上午：所有核心员工到集训地报到，熟悉环境。

下午：讨论核心员工在此次培训中要达成的目标。关于此节，培训师可以启发员工，从以下三方面加以讨论：从自身来说，如何实现自我成长？从企业来说，能否提高企业的市场占有率？从社会来说，如何为社会提供最好的产品？

晚上：给自己设立一个目标，培训师启示如下：首先，制定一个目标，并找出目标与当前销售情况之间的差距。其次，看目标与其他人有无冲突。最后，核心员工彼此交流心得。

第二日

上午：用角色演示法学习推销技巧的初次演示。由指导员进行角色分派，决定顾客和推销员的人选，然后设置演出场景进行演示。演示完毕后，由观察员针对各演出角色进行评论。

下午：针对上午演示中暴露出来的问题进行第二次演示，培训师做总结发言。

晚上：针对本人特点，制定工作计划表，说明进行推销活动的战略战术。

第三日

上午：每个人说明自己的行动方案和计划状况，由指导员进行评论。

下午：由指导员将个人计划表以及评述交给其上司，结束培训。

以上就是我对核心人员培训的全部讲解内容。

20. 企业与咨询公司的合作

引文：

今天，大领导开会，重点强调了同咨询公司的合作问题。我们单位是大型国有企业，与咨询公司合作的次数较多。我们公司的不少产品命名、包装、设计、市场调查等都是与咨询公司合作完成的。

散会后，行政处的老马一脸愁容，我有些疑问："咱们单位也不是第一次跟X宝咨询公司合作了，你怎么一脸愁苦相？"

老马摆摆手："你是不知道，我小舅子开了家公司，就为了跟X宝咨询公司合作，花得他差点儿倾家荡产。"

引文中，老马的小舅子就是受到了市场竞争加剧的影响。要知道，我国有很多中小企业，如果只依靠自己的专业知识，明显是跟不上时代发展节奏的。于是，中小企业与咨询公司合作的情况也就日益普遍了。那么，企业在同咨询公司的合作中需要注意哪些问题呢？

员工培训需求调查表

部门：＿＿＿＿＿＿　填表日期：＿＿＿年＿＿月＿＿日

培训类别	培训内容	是否同意	参加人员			培训方式				
			自愿参加	指定人员参加	部门全体员工参加	课堂授课	在实践中演示	标杆	座谈提问	其他
公共教育	1. 公司发展史、组织结构、主要业务									
	2. 公司规章制度及福利待遇									
	3. 其他	请说明：								
	各部门员工根据各自的岗位特点提出需求	是否同意	参加人员			培训方式				
			自愿参加	指定人员参加	部门全体员工参加	课堂授课	在实践中演示	标杆	座谈提问	其他
业务知识	1. 计算机/IT行业动态									
	2. 互联网方面									
	3. 交际、谈判									
	4. 广告创意									
	5. 写作									
	6. 网页制作									
	7. 通信									
	8. 市场调查									
	9. 其他	请说明：								
其他知识	请说明：									

一、名气大、规模大的咨询公司并不一定适合你

来我们单位讲课的咨询人，光讲课费用就是 4 万元一天。试问，一些中小型企业如何承担得起？当然，咨询人对你的公司会有所助益，但指望著名咨询公司给你全面实施规划，这笔费用你能负担得起吗？

就拿我在引文中提到的 X 宝咨询公司，仅为我单位做了一项初步的市场调查就花了将近 10 万元，如果要策划出整套的市场推广方案来，还要再拿 20 万元。

老马跟说我，他小舅子的公司也是这个价。当时他就傻眼了，以为自己被骗了，花了 30 万元就拿到一本薄薄的方案。但是站在 X 宝咨询公司的角度看，他们的脑力劳动就是这个价。是你企业主主动找上门来要求合作，合同也签了，不存在骗不骗的事。

老马说："这公说公有理，婆说婆有理，闹到现在也没个完。"

我说："这不是谁有理的问题，究其原因，是从一开始就门不当户不对，从合作起就是个错误。"

在选择咨询公司时，应尽量找本省的公司。就拿老马小舅子的公司来说，他的公司在山东，而×宝咨询公司则在河北。异地咨询的沟通、执行成本本来就很高，再加上他的小公司根本就承担不起×宝咨询公司的高昂收费。

打个比方，如果你只是个小财主，却想跟公主联姻，当然不是没有成功的可能，但相对而言成功的概率可以忽略不计。

对于中小企业来说，与其找跨国公司或者全国知名公司，还不如找门当户对的成长型咨询公司。企业主每天花几万元的咨询费，问的却大多数都是一些初级知识，企业主觉得钱花得不值，咨询人也觉得自己是博士生导师带高中生，结果双方都不愉快。

二、要找出自己企业最急需解决的营销难题

在寻找合适的咨询公司前，企业的第一要务是找出亟待解决的问题。

比如有的咨询公司擅长制作电视广告，有的公司擅长设计平面广告；有的公司擅长营销管理，有的公司擅长渠道管理；有的公司擅长事件策划，有的公司擅长终端市场运作。企业主要根据自身企业的短板，寻找一个适合的、能补起这块短板的咨询公司来。

对于营销管理工程，有些咨询公司能够掌握外企及大企业的营销管理流程，但

这套流程是建立在大企业规范化、规模化和模块化的基础上运行的。虽然有一些值得借鉴和参考的部分，但如果照搬全抄，其结果往往是"画虎不成反类犬"，最终得不偿失，因为和企业的实际操作出入太大不得不停用。这就导致咨询费花了，对市场反而是有害无益，一切又退回到了原点。

我见过一家做养生食品的企业，这家企业依靠终端制胜战略在西南市场迅速崛起，其营销管理影响了超过 500 人的营销队伍的效率。在当时，这家企业有将近 3000 人的销售队伍，但却没有一个人拿到一本终端人员管理手册。

就算这家企业的销售员工有 2000 人，每月的费用按 700 元计算，一个月就是 140 万元，每年就是 1680 万元费用。按照 1 个点计算就有 16.8 万元，完全能够买到最好的促销员工管理手册，让销售的效率提高 30% 以上。

但企业老总请的咨询公司却是以品牌策划、以营销战略和成功学培训作为主要业务的。要知道，该企业最急需的是营销管理和渠道管理。这就难怪咨询师在培训课上大谈企业战略，而营销员在下面睡大觉了。

营销员真正关心的是明天的货款该如何收回，新开的卖场怎么谈判，怎样开拓新市场，如何防止窜货。而企业战略和成功学培训对一个营销企业而言并不是很重要。企业主放着最迫切的营销管理不满足，反而热衷于所谓的时髦，培训效果差也就是情理之中的事情了。

三、以内脑为主，以外脑为辅

很多人不明白，什么是以内脑为主，外脑为辅。这句话其实很好理解。试想，一头狮子带领的一群绵羊往往能打败一只绵羊带领的一群狮子。企业老总的眼光长远，决定了企业未来能够走多远。

如果企业主看不懂咨询师设计的方案和文章，看不出对方的咨询方案是否适合自己，而只是觉得"好"或者不懂装懂，那你的企业走不远只能怪你自己。即使咨询公司拿出了一个好方案，但也会因为你的不懂欣赏而被"枪毙"，或者因为执行力不足而以失败收场。

要知道，咨询公司也是追求利益的公司，如果企业主什么都不懂，企业就必然难以做大。如果能以通用模板，随便搞个三下两下就能对付，这样的策划自然实现了利益最大化，然后腾出时间和人力去开发更大、更有效益的其他项目就是最佳选择。咨询公司完全可能这么想：即使我们认真对待，你企业主也不会欣赏，与其出力不讨好，还不如糊弄一下算了。

为了避免这种情况的发生，企业主就要提高自己的水平，一方面加快学习的速度，另一方面也要多咨询咨询第三方人士。

企业要注意培养员工的整体专业素质，但也要培养老总的专业素质，老总的素质比员工的素质更重要。企业老总虽然是企业中综合素质较高的人，但随着时间的推移，他反而容易跟不上企业发展的步伐。所以，企业一定要把老总和高管的学习作为企业培训工程的重中之重。员工的素质可以通过优胜劣汰解决，新招聘进企业的高素质员工可以提高企业的综合素质，但企业老总的素质只能通过自主学习来解决。

在当前的商业环境下，就算只依靠职业经理人来管理企业，那企业老总起码也得具备驾驭和有效激励外来职业经理人的能力。就算要聘请专业的咨询公司，也要具备"识货"的眼光，懂运用、能执行。所以，提高企业老总自身的综合素质是企业持续发展的根本问题。

对于企业主而言，提高了自身和员工的素质，从企业营销实践中来，应用到营销实践中去，以自己为主，以外部的专业力量为辅，企业需要什么就从社会上引进最好的专业公司来弥补，这应该是上上策，也是一劳永逸解决企业专业能力不足难题的办法。

四、长期合作才能实现双方效益最大化

陈述一个事实，我很少听说国内有企业能同咨询公司长期合作的，绝大部分的合作不会超过两年。企业与咨询公司之间可以说是恩恩怨怨、分分合合。在我看来，制约双方长期合作的根源是企业的急功近利。

不可否认，企业的目的就是盈利，但如果让咨询公司在短期内实现效益最大化，这无疑是不现实的。如果企业老总没有一个长远的眼光，就会觉得咨询公司是在忽悠自己，最后让双方都陷入到互相提防的窘况。

企业的整体策划必须要在沟通方面做到畅通，我建议企业和咨询公司要互派员工进驻对方公司，企业策划部的员工可以去咨询公司上班，并随时与企业保持沟通；而咨询公司则可以派员工长期到企业的策划或其他部门上班，深入了解企业的运作、市场概况。

只有这样，才更容易做出符合企业实际情况的方案来。我见过很多中小型企业同咨询公司长期合作成功的，因为只有长期合作，才能实现真正的双赢。以上就是我关于企业与咨询公司合作的全部内容。

第五章　薪酬和劳资关系

21. 什么是薪酬

引文：

老张手里拿了一摞表格，是我们单位的工资条。

我接过一部分来说道："咱们这个月开出去这么多？"

老张点点头，掰着指头给我算道："你看，咱们单位的职工基本薪资就是一大笔，还有津贴、保险和奖金。这个月辞退了两名员工，虽然是他们自身的问题，但咱们公司还是支付了一笔辞退费用。"

我点点头，如此一算，果然不少。

企业员工的薪酬是指员工为企业提供服务，而获得的各种形式的劳动薪酬。把薪酬二字拆开来看："薪"，指薪水，又称作薪资，所有能够用现金或物质衡量的个人回报，都可以称之为薪。也就是说，薪是可以数据化的，比如企业发给员工发放的工资、保险、奖金和实物福利等都是薪。在做人工成本预算时，我们所预计的数额也都是"薪"。

再看"酬"，酬就是报酬、报答，是精神方面的酬劳。有很多企业给员工开的工资并不低，而且福利待遇也都很好，但员工却对企业有诸多不满；有些企业给的工资并不高，工作量不小，但员工却很快乐，这是为什么呢？究其原因，还是在付

"酬"上出了问题。如果员工在企业里感觉没有情感、没有梦想、没有安全感时，那只能跟企业谈钱了。只付"薪"而不付"酬"的关系，注定是不长久的。

下面，我就从薪酬组成的三个部分来详细解读一下什么是薪酬。

一、职工薪酬

职工薪酬就是引文中老张提到的工资与奖金等，根据《企业会计准则第9号——职工薪酬》规定，职工薪酬包括：职工工资、奖金、津贴和补贴；职工福利费；医疗保险费、养老保险费、失业保险费、工伤保险费和生育保险费等社会保险费；住房公积金；工会经费和职工教育经费；非货币性福利；因解除与职工的劳动关系给予的补偿和其他与获得职工提供的服务相关的支出等。

既然提到职工薪酬，就要明确职工的定义。职工是指那些同企业签订正式劳动合同的群体，其中包括全职职工、兼职职工和临时职工，同时也包括未与企业订立正式劳动合同、但由企业正式任命的人员，如董事会成员、监事会成员和内部审计委员会成员等。

在企业的计划、领导和控制下，虽与企业未订立正式劳动合同、或企业未正式任命的人员，但为企业提供了类似服务，也应纳入本准则的职工范畴。

职工薪酬是指职工在职期间和离职后提供给职工的全部货币性薪酬和非货币性薪酬，既包括提供给职工本人的薪酬，也包括提供给职工配偶、子女或其他被赡养人的福利等。养老保险费是指基本养老保险费和补充养老保险费，类似于国际准则养老金计划中的设定提存计划。

根据国家规定的基准和比例计算，向社会保险经办机构缴纳的养老保险费为基本养老保险费。根据《企业年金试行办法》《企业年金基金管理试行办法》等相关规定，向有关单位缴纳的养老保险费为补充养老保险费。以商业保险形式提供给职工的各种保险待遇属于职工薪酬，应当按照本准则进行确认、计量和列报。

非货币性薪酬主要为非货币性福利，通常包括企业以自己的产品或其他有形资产发放给职工作为福利，向职工无偿提供自己拥有的资产使用、为职工无偿提供类似医疗保健等服务等。

属于职工薪酬范围的工资在会计上有特别的规定，会计上所称的"工资总额"，是指国家统计局1989年1号令《关于职工工资总额组成的规定》中明确的概念和标准，即"工资总额"包括六个部分：计时工资、计价工资、奖金、津贴和补贴、加班加点工资、特殊情况下支付的工资。企业应付职工的劳动报酬，在会计上应设置"应付工资"科目进行核算。需要说明的是，企业发生的和职工切身利益直接相关的医疗费用、福利补助费用等不在"应付工资"核算，但它们也属于职工薪酬的范畴。

确认计量的一般方法——

公司应当在职工工作期间，把应支付给职工的薪酬确认为负债，分别按照下列三种情况进行处理：

1. 计入成本的职工薪酬支出

对于企业应当由生产产品、提供劳务负担的职工薪酬而计入相关成本。所以，对于从事生产经营和劳务服务人员的薪酬部分，应计入产品成本或劳务成本。

2. 计入资产价值的职工薪酬支出

对于应由在建工程、无形资产负担的职工薪酬，应计入建造固定资产或无形资产成本。

3. 计入费用的各种保险费用及住房公积金

企业为职工缴纳的医疗保险费、养老保险费、失业保险费、工伤保险费、生育保险费等社会保险费和住房公积金，应当在职工为其提供服务的会计期间，根据工资总额的一定比例计算，并确认为当期费用。

二、"三项经费"

首先是职工福利费。职工福利费是指企业按照工资的一定比例，专门提取出来用作职工医疗、补助及其他福利事业的经费。如今，我国企业每期会按工资总数的14%计算职工福利费，并按照职工提供服务的受益对象，计入相关资产的成本或确认为当期费用。

其次是工会经费。工会经费以工资总额为基数，其计提取比例为2个百分点，在提取时应计入管理费用。

最后是职工教育经费。职工教育经费是指企业为职工学习先进技术和提高文化水平而支付的费用。若职工教育经费以工资总额为基数，其计提比例为1.5%，在提取时应计入管理费用。

三、辞退福利

辞退福利包括两个方面内容：一方面是职工在劳动合同尚未到期前，不管职工本人愿意与否，只要企业决定解除和职工之间的劳动关系，就必须给予补偿；另一方面是职工在劳动合同尚未到期前，为鼓励职工自愿接受裁减而给予的补偿，职工有权利选择继续在职或接受补偿离职。

需要注意的是，在满足下列条件时，应当确认因解除与职工的劳动关系给予补偿而产生的预计负债，同时计入当期费用：

1. 企业已经制定正式的解除劳动关系计划或提出自愿裁减建议，并即将实施。该计划或建议应当包括拟解除劳动关系或裁减的职工所在部门、职位及数量；按工作类别或职位确定的解除劳动关系或裁减补偿金额；拟解除劳动关系或裁减的时间。

2. 企业不能单方面撤回解除劳动关系计划或裁减建议。

辞退福利通常采用的形式，是在解除劳动关系的同时一次性支付补偿。当然，也有通过提高退休后养老金，或者在职工离职后给予其他福利的途径。

关于企业的辞退补偿方面，应当根据《企业会计准则第13号——或有事项》严格执行。对满足解除劳动关系计划或自愿裁减建议，应当确认因辞退福利产生的应付职工薪酬。

此外，因被辞退的职工不再能给企业带来任何经济效益，所以，辞退福利应当放在当期费用，而不是计算成资产成本。当职工没有与企业解除劳动合同，但未来确定不能再给企业带去任何经济利益时，企业除提供具有辞退福利性质的经济补偿外，要按辞退福利处理。

对于职工没有选择权的辞退计划，应当根据计划条款规定拟解除劳动关系的职工数量、每一职位的辞退补偿等计提应付职工薪酬。

对于自愿接受裁减的建议，因接受裁减的职工数量不确定，企业应当预计将会接受裁减建议的职工数量，根据预计的职工数量和每一职位的辞退补偿等，按照《企业会计准则第13号——或有事项》规定，确认应付职工薪酬。

正式的辞退计划或建议应当经过董事会或类似权力机构批准。辞退工作一般应当在一年内实施完毕，但因付款程序等原因使部分付款推迟到一年后支付的，视为符合应付职工薪酬负债的确认条件。以上便是我对薪酬的全面解读。

22. 宽带工资的好处

引文：

中午跟老张吃饭，老张神秘兮兮地问我："人力资源部又制定了一项新举措吧？"

我笑了："你耳报神还挺灵通。没错，我们打算给员工分级。从一级工程师到五级工程师，每个级别的工资都不一样，能力越高，拿到的薪酬就越多。"

老张笑道："你就别跟我打官腔了。如此一来，职工想爬到高管的位置也更难了吧。"

引文中我与老张的对话，提到了一种工资的形态——宽带薪酬。其设计理念就是把较少的职位等级增加到更多的薪酬区间内。这种方式能够更好地解决企业里管理岗位少、员工加薪只能通过职位晋升才能实现的不足。换句话说，这种方式放在实行宽带薪酬的企业中，只要员工工作努力，就能获得业绩的提升。即便在职位上还是普通职工，但也能实现加薪。

宽带工资适用于绝大多数企业，当然，企业要想用好宽带工资，最基本的前提就是将职位进行"人岗匹配"的等级划分。就像我在引文中提到的，把"人岗匹配度"由低到高分成如一级技工、二级技工、三级技工等，并对每个级别所要求的条件进行明确的划分。这样，企业就可以在每个周期（通常是一年）都对员工进行薪酬的调整。

宽带工资管理的实施，能够最大限度地发挥各种薪酬形式如工资、奖金和福利等的激励作用，给企业创造更大的价值。下面，我就宽带工资的优缺点以及传统薪资的局限性做一个详细的解读。

一、宽带薪酬的优势

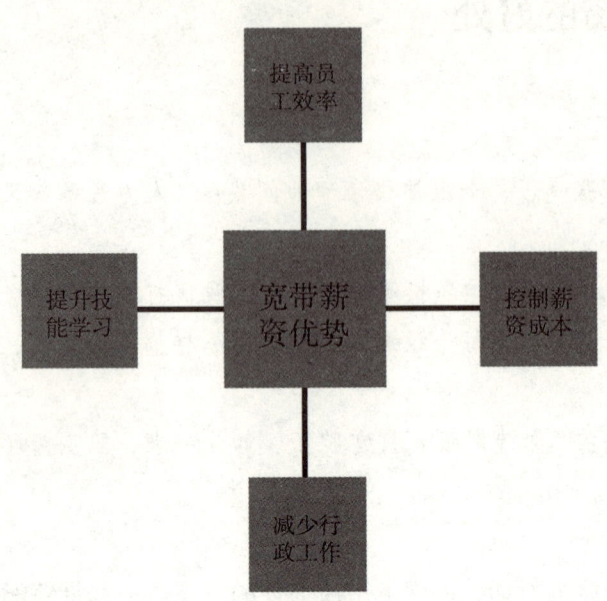

宽带工资的优势主要有4点：

1. 支持扁平型组织结构。宽带工资最突出的特点，就是打破了传统工资所维护的严格等级制。宽带工资更能提高企业的效率，帮助企业创造参与型和学习型的文化，同时还能保持企业灵活的自身组织结构，对迎接外部竞争也有积极意义。

2. 能够让员工重视个人技能的增长，帮助员工提高能力。在宽带工资体系中，员工可以通过能力的增长获得更高的薪酬，不必为了追求涨薪而强调职位的晋升，而是要注重发展企业所需要的技能和能力。只要其做好对公司有助益的事，就能够获得薪资的增长。

3. 有利于职位的轮换。在宽带工资体系中，过去处于不同等级的职位都被放进同一个薪资级别中，员工的上下调动所遇到的阻力就会小很多。此外，企业还能减少员工职位的变动而必做的行政工作，比如职位称呼变动、系统更新、档案更新和社保投放等。

4. 能够与劳动力市场上的供求变化紧密配合。在宽带工资体系中，薪酬水平都是以薪酬市场调查数据和企业的薪酬定位作为基础的。因此，薪酬水平的定期调整能让企业把握其在劳动力市场上的竞争力，更有利于控制员工的薪酬成本。

二、传统薪酬结构的问题

众所周知,传统的薪酬等级是狭窄的,即每个职位都只有一个固定的薪酬数值,如果这个职位上的员工想获得加薪机会,只能通过晋升这一条途径。这种传统的薪酬方式有很多弊端:员工会觉得,自己干得好坏都一样,都是拿固定工资,存在内部不公平的现象。而且企业的高管职位永远都是稀缺的,优秀员工如果无法获得高管的职位,就无法获得加薪的机会,最后只能另谋出路,导致企业人才的流失。传统薪酬结构主要有以下5点问题:

1. 等级多。传统薪酬等级普遍有二十个级别左右。频繁的薪酬调整会导致大量的行政工作,员工也会把注意力都放到工资的调整上,而忽略提高自身的技能。

2. 级差小。相邻的两个级别,员工的工资点差别很小。从基层员工晋升到高级员工,所相差的工资并不大,所以员工对提高能力获取晋升的欲望并不强。

3. 级幅小。级幅指的是每个工资级别的范围。工资是硬性的,调高容易调低难,级幅过小会阻碍轮岗制度的实施。

4. 无叠幅。在传统薪酬结构中,相邻级别的工资不存在重合部分。这就意味着不管员工的工龄有多长、表现得有多优秀,如果不能获得级别上的晋升,其工资都是一成不变的,这就不利于鼓励员工提升技能、多做贡献。

5. 与市场脱节。如今的薪酬结构是国家统一的,企业没有自主的弹性,而宽带工资恰好解决了企业缺乏弹性和竞争力的架构。

三、宽带薪酬制度的局限性

当然,宽带工资制度也是有其局限性的,主要表现在以下3个方面:

1. 宽带薪酬的评估,主要是根据员工对企业贡献的大小。如果企业的绩效管理不到位,就会导致岗位的变化幅度很大。如果在这种情况下采取宽带薪酬,就会让员工工资的浮动大起大落,也会让员工没有安全感,对企业减少归属感。同时,如果绩效管理不到位,导致员工的工资水平下跌,而员工觉得自己工作很努力,这就很容易导致公司内部、上下级之间、同事之间人际关系的紧张。

2. 宽带工资设计的推广,会让晋升变成一件困难的事。由于传统工资制度中的岗位职级较多,员工想要晋升就会更容易一些。而在宽带工资制度中,员工可能干了一辈子,也只能在一个职级里面移动,而不会跳到另一个职级。这或多或少也是一件让员工感到沮丧的事。

3. 宽带工资并不适用于所有的组织。因为它是新型的"无边界"组织过多强调了低专业化,所以在多职能化、跨部门化的技能工种团队中非常有用。而我国的许多企业在工资管理及人力资源管理方面做得都比较薄弱,有些企业甚至都没有规范的职位说明书,更没有做过工作岗位评价。如果企业在这种情况下实行宽带工资制,也不会取得预期的效果。

四、实施宽带工资制度的条件

就像我在前面提到的,并不是每个企业都适合宽带工资制度。若想实施宽带工资制度,企业就必须要满足以下 5 种条件:

1. 企业要有积极参与型的管理风格。各部门经理在人力资源管理方面都要有足够的成熟度,要能同人力资源部门相互配合,共同制定关键性的决策。宽带工资制度有一个很重要的特点,那就是高管层需要更大的空间来参与员工们的薪酬决策。如果没有一个成熟的高管队伍,实行宽带工资制度就会困难重重。

我就见过某部门经理对员工的评价很不客观,导致内部平衡遭到了破坏。另外,如果每个部门都以自我为中心,彼此对宽带工资制度不认可,那人力资源部就很难发挥自己的作用,宽带工资制度就很难发挥其应有的作用。

2. 企业要凭工作表现发放报酬。如果一个企业对员工工作的表现不重视,就一定会导致"吃大锅饭"的现象。在这种工作氛围下,员工的优劣表现都不能被公平对待,宽带工资制度也会失去意义。如果企业不重视员工的工作表现,那还是简单的传统型的薪酬结构更受决策人的欢迎。

3. 企业要注重沟通。企业引入宽带工资制度,就是让高管和员工都能对工作进行全面的沟通,也让员工能有一个清晰的认识——如果工作表现好,就可以加薪。这种激励员工重视个人表现与企业发展相一致的企业策略,能让员工看到自己未来在企业中的前途。

4. 企业要配合优秀员工的发展。宽带工资制度能给员工的发展和个人职业生涯提供更大的弹性。企业需要配合优秀员工的发展,让员工可以不断获取新技能,让他们对自己在企业中的职业生涯有一个更加清晰的认识。企业只有帮助员工充分利用宽带工资所提供的空间,才能不断获得更有竞争力的员工团队。

5. 企业必须要拥有一支高素质的人力资源管理团队。要知道,推行宽带工资制度需要人力资源部门与其他部门进行密切合作。只有他们一起给员工制定职位定级，才能让所有部门的员工都心服口服。因此，引入宽带工资制度需要企业从整体策略上加以考虑与配套。否则，企业将很难发挥宽带工资制度的优势。

本节就是我对宽带工资的详细解答。

23. 岗位轮转

引文：

> 老张神秘兮兮地拿着自己的华为手机，说道："我就很喜欢华为，不仅仅是华为手机，还有他们企业的管理方法。你知道吗，华为在公司内部建立了一个劳动力市场，通过岗位轮转的方式促进人才的合理流动，甚至还明确规定，高中级管理者必须要强制轮换。"
>
> 我点点头，说道："不错，华为为了在人力资源管理里引进竞争和选择机制，还专门建立了轮岗制度。我觉得这是十分高明的：要想留住优秀人才，光靠物质奖励是不够的。随着时间的推进，物质奖励的作用会慢慢降低。而轮岗却给员工提供了职业发展的空间，留住了优秀人才。"
>
> 老张说道："不错，员工不但能在轮岗过程中享受到类似'跳槽'的新鲜，还能从中学到不少东西，对日后的职业发展也有所助益。"

引文中提到的岗位轮换制度，是单位有计划地按照确定的期限让员工或高管们轮换承担各种岗位工作的做法。

从企业的角度看，岗位轮转不但可以培养出优秀的复合型人才来，而且成本低、风险小。企业可以充分利用自身的优势，培养出具备跨专业、跨行业、跨文化管理和工作经验的优秀人才。这些人才会给企业的持续发展奠定坚实的基础。

从员工的角度看，轮岗无疑是职业生涯规划的有效方式。通过轮岗，员工可以找到适合自己发展的位置，激发潜能，提升价值。下面，我就对岗位轮转问题做一个详细的解读。

人事变动申请表

姓名		员工号码		性别		出生 年 月 日		编号：	
申请事项（例如雇用、升级、调动、辞职等）				申请日期			希望生效期		

自 职 位 名 称：	至 职 位 名 称：
新 阶 及 新 资：	新 阶 及 新 资：
服 务 部 门：	服 务 部 门：
部 门 代 号：	部 门 代 号：

（如果雇用人员请将此栏填妥）	
需 要 人 数：	班 次：
所 担 任 之 工 作：	
资 历 要 求：	
年 龄：	
教 育 程 度： 性 别：	
经 验 或 特 殊 技 能：	
其 他：	

申 请 人	批 准 人（部门经理）：
签 名：	签 名：
电 话 号 码：	职 位：

一、岗位轮转的四项原则

企业在实施岗位轮换制的过程中，应注意坚持以下4点原则：

1. 用人所长原则。在推广岗位轮换制的同时，企业一定要注意用人的基本原则，即"用人所长，避人所短"。在企业内部的人才流动方面一定要注意合理原则，提高人才的使用效率。为了保证企业内部组织的相对稳定，轮岗制度要控制在一定范围内，不要因为轮岗制度而耽误企业的日常运作。

2. 自主自愿原则。虽然岗位轮换制能够提高员工的满意度，但视具体情况，也有不一样的效果。要让岗位轮换制发挥其应有的作用，就必须同员工进行有效的沟通。实行双方双向选择等方式，减少由于岗位的突然变动而给员工带来的心理焦虑。

3. 合理流向原则。企业的各个部门都担负着不同的工作职责，每个部门对员工的素质要求也不尽相同。在岗位轮换时，人力资源部门既要考虑企业各部门的实际工作情况，也要发挥员工在轮岗时的才能，保持各部门的人才相对平衡，才能推动企业的效益提升。

4. 合理时间原则。在岗位轮换制实施的过程中，应当充分考虑轮换的时间周期。如果在较短时间内对员工的工作岗位进行频繁变动，那给员工心理带来的冲击就会远远大于轮换工作的新鲜感，岗位轮换制度的效果也会适得其反。

二、岗位轮转的主要作用

1. 消除误解，增进理解

岗位轮换制度能够打破部门间的隔阂，为企业各部门的通力协作打好基础。不可否认，大部分企业部门之间的小团体主义都很严重。究其原因，就是他们对其他部门的工作缺乏了解，与其他部门的人员缺乏交往。通过岗位轮换，便可以消除这些弊病。同时，岗位轮换也有利于高管层保持体恤下属的谦虚态度，从而减少上下级心气不一的可能性。

2. 多岗锻炼，培养人才

企业要培养出能够独当一面的复合型人才，内部的岗位轮换可以说是一种既经济又有效的方法。不少员工都表示："岗位轮换培养了我适应新环境的能力，也使我们的组织更具有弹性和活力。这种岗位轮换，加强了我对业务工作的全面了解，也提高了我对全局性问题的分析能力，不仅开阔了我的眼界，也扩大了我的知识面。"

3. 消除不满，激励员工

在同一岗位工作时间久了，就会对自己所属的岗位产生疲倦感甚至是厌恶感，通过适当的轮换岗位，会让人有一种新鲜感，也会让员工感到领导是重视自己的，感受到上级是在特意培训自己。因此，员工会在新岗位上施展出自己更大的才能。这种方法既能调动人才的积极性，也能减轻企业的晋升压力，缓解员工的不满情绪。

4. 避免僵化，利于创新

对于长期从事某一项工作的人，不管当初他的想法多么富有创造性，但是创造性也会随着时间的消磨而逐渐丧失对工作内容的敏感度，有时甚至会出现推诿扯皮的现象。企业通过定期的岗位轮换，能让职工保持对工作的热情，发挥出更大的创造性来。在现代企业中，尤其是销售部和设计部之间，如果人员进行岗位轮换，还可以起到强化联系，改善新产品市场的作用。

5. 适时轮岗，防止腐败

岗位轮换还有一个很重要的作用，那就是能够消除滋生腐败的小团体。一些核心部门的人员由于长期待在一个部门，极容易形成小团体，继而滋生腐败。我国的金融部门和政法部门都要通过定期的岗位轮换来防止腐败，这种制度对企业来说也是同样重要的。

三、岗位轮转的误区

在企业中，人力资源部门施行的岗位轮换制度已成为保留优秀员工的一把利剑。如果这把利剑使用得当，就能让企业降低招聘成本，满足用人需求。但如果使用不当，也会让员工的满意度和工作效率下降。岗位轮转制度的误区主要有以下4点：

1. 岗位轮换面向高层

在通常情况下，岗位轮换制度的主要对象是表现优秀的基层人员和中层人员。目的是让他们对公司的各个岗位职责有更全面的了解，也为他们的继续晋升和承担更多的责任打下基础。但有些企业一直对高管层进行轮换，会造成企业的运行混乱。

2. 岗位轮换程序出现混乱

正确的岗位轮换程序，对企业的运营和执行效果有着至关重要的作用。但在实际操作过程中却会经常出现一些程序上的混乱，这些都会对员工在新岗位的工作开展和工作效果造成负面影响。因此，企业必须要制定明确的岗位轮换政策，以保证员工的工作效果。

3. 岗位轮换过于频繁

员工在上岗时，对某个岗位从适应到熟悉都是有一定过程的，通常情况下，这个任职周期为至少半年。员工只有工作了半年后，才能到达独立贡献期。因此，企业在制定岗位轮换制度时，应当明确员工必须在一个岗位上工作至少一年后，才有资格获得岗位轮换的机会。

4. 部门管理者缺乏全局考虑

部门管理者迫于生产经营压力，往往只关注短期的经济指标而忽视长远的人才培养意识。大部分高管都会犯这样一个错误——把经营压力放到少数骨干身上。于是，高管会极力限制这部分人的岗位轮换，甚至连单位培训都不会轻易安排，以免影响生产任务。这就会导致骨干人才提升能力受限，给企业人才的可持续发展带来障碍。

四、岗位轮转的类型

通常情况下，岗位轮换主要有以下3种类型：

1. 新员工巡回轮换

新员工在就职训练结束后，根据最初的适应性考查被分配到不同部门去工作。为了使员工在部门内尽早了解到工作的全貌，同时也为了进一步进行适应性考查，会让他们在各个工作岗位上轮流工作一定时期，亲身体验各个不同岗位的工作情况，为以后工作中的协调配合打好基础。新员工在每一岗位轮换结束时都有考评评语。通过岗位轮换，企业对新员工的适应性可以有更清楚的了解，最后再确定他们的正式工作岗位。

2. 培养"多面手"员工轮换

为了适应日益复杂的经营环境，企业都在设法建立"灵活反应"式的单性组织结构，要求员工具有较宽的适应能力。当经营方向或业务内容发生转变时，能够迅速实现转移。于是，员工不能只满足于掌握单项专长，而必须是"多面手""全能工"。所以，企业在日常情况下必须有意识地安排员工轮换做不同的工作，开发其潜在能力，以取得多种技能，适应复杂多变的经营环境。

3. 培养经营管理骨干轮换

从企业长远发展考虑，培养经营管理骨干的轮换是十分重要的。对于高层管理人员来说，应当具有对企业业务工作的全面了解及对全局性问题的分析判断能力。培养这种能力，必须要使管理人员在不同部门间横向移动，开阔眼界，扩大知识面，并且与企业内各部门的同事有更广泛的交往接触。这种培养以班组长、科长、部门经理级干部为最多，轮换周期一般为2~5年不等。

以上便是本节的全部内容。

24. 法务

引文：
  策划部小王对我说，他打算辞职不干了。
  我有些奇怪："你在策划部干得很不错，年底单位的晋升名单里，你也是候选人之一，为什么要辞职呢？"
  小王微笑着说："我打算自己成立一个工作室。"
  我摇摇头："你知道创业有多辛苦吗？"
  小王满不在乎地说："我相信我有这个能力。我打算做信息推广工作，前期只要两名法务和几名员工足矣。"

  引文中，小王提到的法务是每个企业都必备的人员。每个事业单位、每个企业、每个法人或非法人的组织内部，都有专门负责处理法律事务的人员。这批人员不叫律师，而被称作法务。

  法务和律师的区别主要有两点。其一，法务是单位的员工，而律师则是独立于单位的、外聘的法律工作人员；其二，法务不用通过专门的司法考试，而律师则必须通过司法考试并取得律师执业资格证件才能上岗。

  下面我就向各位详细讲解一下公司的法务人员。

一、法务该做什么

  各位都知道，个体的职业选择和国家的发展是紧密联系的，和整个经济形势和行业变化也不可分割。就拿国际石油价格的变动情况来说吧，它会直接影响到法务在进行交易时的风险评估。此外，高昂的律师费用也让不少公司的压力越来越大，甚至还在美国引发了一场"公司法务革命"。

  然而，种种现实却给了法务很多展示才华的舞台，也让一些具体工作变得更加富有挑战性。说白了，公司对法律服务的需求很简单，但也很重要，因为法律问题充斥在每个交易的事前、事中和事后。同时对于法务个人来说，如果只沉浸在烦琐的事务中，则会对自身的成长不利，法务应当以更大的视角去看待问题。

作为一名法务,一定要有一个明确的共识,即公司法务的职业定位到底是什么。

毫无疑问,法务就应当帮助公司降低风险,实现盈利。大家都知道,在商业交易中,一点风险都没有的事情是不存在的。对于风险,法务应当更加理性地看待。这就要求公司法务不能只从法律角度解决问题,而要从更广的维度去看待公司的法律问题。

就像老张对我们单位的法务人员说的一句话:"法务不能只说No,但也不能不说No。"要知道,法务不是律师,他不是为宪法服务,而是为商业服务的。为商业服务的前提就是同公司人员建立良好的关系,得到商业伙伴的认可。因此,法务需要为商业伙伴提供行之有效的解决方案,给商务活动的顺利实施出谋划策。

二、法务的工作职责、流程和目标

1. 工作职责

法务是从事公司法律服务的,因此,法务的基本工作就是制定和修改文本合同,同时对客户、员工及供应商的合同进行拟定、修改与审核。除此之外,法务也要配合律师收集并整理公司有关法律事务的资料,对与公司业务相关的法律信息提出专业性意见,并针对公司的问题及时提出预防措施等。

2. 工作流程

法务的业务主要有4个方面:合同类业务,咨询类业务,建议、意见类业务和争议处理、诉讼辅助类业务。当然,每项业务都有自己的流程:

首先,合同类业务的流程如下:拟定、修改通知——与当事人进行合同目的、合同背景及要求的沟通——拟定、审查和修改目的性、完整性、明确性、合法性、风险程度等方面都没问题的合同——提交成果——取得反馈。

其次,咨询类业务的流程如下:咨询请求——搜索咨询对象、事件背景和当事人的信息——进行答复的整理准备——答复——反馈。

再次,建议、意见类业务的流程如下:自主观察、信息收集和反馈——思考如何应对——从法律角度提出建议或意见——反馈。

最后,争议处理、诉讼辅助类业务的流程如下:受到部门反馈或公司指令——根据法律要求收集整理材料——提供证据证明法律支持——参与具体过程——结案——反馈。

3. 工作目标

法务的工作目标就是预防风险，而根本目标就是争取公司业务无争无诉。法务其实是份相对"保守"的工作，因此法务应实施低风险操作，在保障公司利益的情况下追求效率。

三、法务能力检验

法务的能力检验很容易，就是能否提供在商务和法律上都行之有效的解决方案。这是判断法务经验的重要标准之一。

能否识别公司的法律风险只是检验法务能力的第一步，在风险识别完成后，如何为公司提供法律和商务上可行的手段去控制法律风险，这才是真正考验法务功力的重点。在现实中，很少有"绝对不行"的法律风险，大部分法律风险都处于灰色地带。也就是"既未达到致死交易，但也并不能掉以轻心"的状况。在这种情况下，法务只有为客户指明解决途径的能力，才能真正得到客户的认可。

举个例子，我单位的某位法务在一起并购业务中，在事前做了详尽的调查，结果发现有很大一块资产在私有化的过程中带有原罪。他立即意识到，如果直接购买过来肯定会有风险。于是法务找到高管层，问这个交易能不能不做？

结果当然是不能。另一位法务也在事前做了尽职的调查，并且想到了解决方法，他给高管层递交了一份计划，在阐述风险的同时，建议高管层要求对方增设担保，或者直接在合同里添加交易保护条款，把控住交易的风险。

两位法务的高下立见。当遇到现实问题时，法务的判断力就显得尤为重要了。企业不仅要求法务准确识别风险，还要求法务从理论上升到实践，帮助公司解决问题。

从律师的角度看是没有所谓"双赢"的。因为法律就是这样规定风险的，不是你的风险，就是我的风险。但从商业角度看是有"双赢"的，只要找到双方的共识，即利益共同点，就能够达成一致，并实现交易双方的利益最大化。

四、法务的工作内容

必须承认的是，法律在多数情况下并不是商业活动的最终决定因素。有时候，法务需要把自己定位在一个支持和辅助的角色上。法务是帮助公司实现商业目的的。在商业世界，自然会有商业世界的规则，所以法务人员的工作内容需要由商务人士进行主导。

这也就意味着，法务的工作绝不是一个旁观者的工作。就像我之前说的，当公司遇到问题时，法务不能只是提示风险，甚至不能光指出解决风险的几条途径，然后丢给公司自行决定。法务需要结合自己的专业能力和判断能力，去帮助客户解决问题，在必要的时候还得成为引导者，帮助客户做出正确的选择，实现其商业目标。这才是一名法务应当具备的职业素质。

法务在做好必要业务的同时，还必须了解企业的战略方向和业务重点。我经常建议单位里的员工多熟悉企业的发展战略，多了解单位的年度业务重点。很多人觉得，这些都是"虚"的东西，但正是这些"虚"的东西才能帮助你和企业的步调保持一致。

法务有个"24小时法则"，这个法则是让他们在收到邮件或电话后，无论在什么情况下，都不能超过24小时不回复。对于真正的紧急事项，法务必须要尽快回复。当然，在客户眼中，跟自己有关的事项都是紧急事项。这个时候，法务就要拿出自己的专业眼光，把事件按照轻重缓急的顺序进行回复，同时务求所有客户的评价都是"又快又好"。因为"好而不快"和"快而不好"都是客户心中的减分项。

及时回复客户的邮件，是让客户知道法务是重视自己的。因此，即使法务对客户提出的问题不能马上解答，也要先行回复，让对方知道自己已经看到邮件，同时给出对方解决问题的大致时间。注意，法务要避免在给出回复的时间点之后回复客户，这样会给客户带去非常不好的印象。

其实，法务也不一定知道所有问题的答案。因为法律既有技术化的一面，也有艺术化的一面。现实中千变万化的情况，使法律会存在自己的变数。在这样的前提下，法务很难给出完全确定的答案也就可以理解了。

以上便是本节的全部内容。

第六章 常态工作

25. HR 的主要工作是聊天

引文：

中午吃饭，邻桌是行政处的几个女孩子。其中一个穿黄衣服的女孩子对另一个说："你有口臭，闻起来好像死鱼的味儿。"

被说的那个女孩子一时间脸涨得通红，行政处的其他同事也对黄衣服女孩敬而远之。而这个女孩子还大声说道："我说你口臭得像死鱼味儿只是开个玩笑啦！"这句话引来食堂众人的侧目。她同事饭没吃两口就匆匆离开了。

在现实生活之中，很多人都会因为一句话而导致自己和他人的距离越来越远、和他人的关系可有可无。如果你经常说错话，经常得罪人而自己却不知道为什么，或者不知道自己该如何去说，那你的沟通的能力就必须要加强才行了。这对普通人重要，对 HR 就更显重要了。下面，我就给各位详细解读一下 HR 的聊天艺术。

一、HR 的聊天"问题"

HR 聊天聊不好，问题主要出在以下 4 个方面：

1. 内心想赢的冲动

很多人在沟通的时候都会犯这样一个错误，包括我自己：我们在与人沟通时，目的不是为了追求真相或寻找最优的方案，而是为了赢，为了让对方听你的。如果可能的话，还可以炫耀一下自己的智商和道德优越感。试想，如果HR与人沟通的时候都抱着这样的想法，那怎么能出成效呢？

2. 走进分岔路太深

这个情况也非常普遍，HR是管理层，在与员工沟通的时候，很容易聊着聊着就忘记了今天的主要目的是什么。为了一些无关紧要的细节浪费时间，在沟通中把讨论的主线带偏，这样的沟通也是聊不出任何内容的。

3. 总结陈词妄想症

绝大多数HR都有这样一种心理——当某个话题快要结束的时候，HR暗想："不行，马上要结束了，我一定要说最后一句总结陈词，否则怎么能体现出我的与众不同？"

其实，总结陈词本身没有问题，但如果一味纠结于"金句"，那这样的沟通就会流于形式，毫无用处。

4. 慎用个性放大化

当今社会开始强调个性，很多年轻人都会犯这样的错误——把无知当个性。有人认为，在与人沟通中放大自己的个性，能得到对方的欣赏和认可，而实际情况却恰恰相反。当自我的个性放大时，人们往往会陷入到排他性的误区，这点让人非常反感。

举个例子。大领导开会，叫我们管理层多同基层员工沟通。散会后，我和一位高管同事路过策划部，正好看到策划部的一名员工桌上摆了一张周杰伦的专辑。

我高管同事走进去，想显示一下高管层的亲民。于是问他："你喜欢周杰伦？"

员工答道："是的，我很喜欢他，我觉得他的歌很不错。"

我高管同事嗤鼻道："不会吧，你真喜欢他啊？我不喜欢，他太大众了，我喜欢小众的！"

好吧，我承认我这位高管同事确实显示出自己的个性了，但他也把对话聊"死"了。

二、运用肢体语言及面部语言

肢体语言是指为表达自己观点，让身体的各个部分配合对话的各种动作。

语言、语调和肢体动作构成了交流的表达系统，只有各个部分都配合完美，才能得出最佳的效果。有研究表明，人在交流时，语言、语调和肢体动作等产生的作用是不同的。其中，语言占7%，语调占38%，肢体动作则占55%。

比如，我们在看文字"一百万元"时，你可能很难做出正确的判断，你不知道对方想表达什么意思。但如果加上语调和表情，你就能轻易理解对方要表达的含义了。

比如在说"一百万元"时，加上吃惊的表情和夸张的语调，就会让人产生很突然的感觉；如果再加上很愤怒的表情和语调，就会让人感觉到大祸临头等等。

三、HR的沟通技巧

1. 希望的口吻比命令的口吻更有效

HR使用命令式的口吻，总会让员工有种受歧视、不被尊重的感觉，而这样的感觉会减少员工的积极性，有时还会让员工反感，产生逆反心理，这也会对结果产生不利的影响。

比如，HR可以把"你必须在三日内完成这项工作"变成"依你的能力，相信你会在三日内出色地完成我们的目标"。同样的含义，不一样的表达方式，在工作中取得的效果是有明显区别的。养成这样布置任务的习惯，不但不会降低你的权威，反而会提升你的魅力。

2. 幽默的话语要适时

有的HR自认为很幽默，觉得自己给员工们添加了很多欢乐，于是经常会不分时间、不分地点地幽上一默。但切记，幽默一定要看清场合，切不可随意幽默。就拿李世民错杀王和一事来说吧，唐王李世民是一代明君，但却因大臣的一个幽默而错杀了一员大将。

一次，李世民接到军中密报，说边疆守将王和可能有谋反之心，于是召集了几名重臣商议如何应对。这时，大臣李展突然内急，李世民就先跟其他重臣商议对策。就在大家举棋不定时，李展如厕回来了。

李展回来一看，大家的表情都很严肃凝重，于是就想幽默一下，缓和缓和气氛。李展说："恶疾之存，伤身误国，斩之最佳！"其实，李展的本意是想说自己拉肚子，伤身体还耽误国事，如果没有拉肚子这回事儿就好了。可李世民却会错了意，他认为李展是想让他斩杀王和，于是说道："就依卿之意吧。"

然而，事后查明，王和根本就没有反心。

3. 不要用"爱"绑架

总有些 HR，在与人沟通时用"爱"做根基，每次都从关爱的角度去表达自己的观点，他认为用"爱"为基础不但会让人产生力量，还会让人对自己感激不尽。人们常常会闹出这样的笑话：当孩子犯了错误，家长会在一怒之下将孩子暴打一顿，然后美其名曰："我是因为爱你，是为了你好。"可事实上，你的孩子会认为你对他好吗？

同样，当员工出了问题，HR 对员工猛批一顿，最后再补上一句："这是为了让你长记性，是为了你好。"可你的员工怎么理解，谁都说不准。

四、HR 的语言艺术

除了沟通技巧外，HR 应当培养自己的语言艺术。

1. 让出成绩是一种艺术

谁都不喜欢抢功的人，员工更是如此。他们在做出成绩后，更希望自己能得到 HR 的鼓励。有时候，HR 让出成绩也是对员工鼓励的一种，当然，这里指的是智慧上的成绩。比如我们在探讨某个问题的解决方案时，我的某个提示启发了员工，于是他想到了解决办法。这时候，我会说："你这个方法很有创意，值得一试。"而不是说："是我的想法启发了你。"

HR 的语言艺术是很重要的，这不只是表达技巧的问题，还是 HR 不断约束与修炼自己的证明。俗话说，"良言一句三冬暖，恶语伤人六月寒"，HR 作为企业的管理层，与员工交流时更要培养好自己的语言魅力。

2. 不判断观点的对错

人们在说话时，最容易犯的错误就是在心里判断别人的观点。

要知道，每个人的观点都是对事物的不同看法，尤其是在商业领域中，我们很难做出谁对谁错的判断。之所以要进行判断，是因为这个问题在企业产生了分歧，而我们在头脑里又形成了一套自己的处理方法。

俗话说，条条大路通罗马。在 HR 与员工意见产生分歧时，HR 要先仔细听完员工的表述，再委婉地说明自己做法的原委。要抱着即将发现新大陆的心态倾听，对方就会兴致勃勃。

3. 给予他人充分的尊重

孔子曰："三人行，必有我师。"就像世界上没有两片完全相同的树叶一样，每个人对事物的理解和解决问题的方法都是不尽相同的。HR 要抱着一种学习的态度去跟人交流，这是对他人尊重的基础。尊重能让你在交流中保持良好的姿态，能让你显得更加真诚可敬。如果想让员工们尊重你，你首先得做到尊重员工。

4. 不使用否定性的词语

经心理学家调查研究，HR 在交流过程中不使用否定性词语会比使用否定性词语的效果更好。因为否定词语会给人带来一种批评的感觉。虽然你明确地表达了自己的观点，但更让人不愿接受。

比如 HR 对某员工说："我不同意你去上海。"我们可以换一种说法："我希望你重新考虑一下你去上海的想法。"其实，很多问题在交流中都是可以用肯定词来表述的。

以上就是本节的全部内容。

26. 人事档案的重要性

引文：

"小李小赵，你们两个去把咱们单位的人事档案抱来。"我对档案室的两名员工说道。

小赵叹了口气："人事部的档案实在太多了，您能在这儿看吗？"

我说道："我只看今年的人事部档案，你俩抱到我办公室来吧。"

小赵犹豫了一下，开始整理档案，并且笑声咕哝道："单位设这么多档案有什么用啊，都快放不下了……"

引文中，我叫小赵抱来的人事档案是企业相当重要的东西。谈到人事档案管理工作的重要性，想必不用我说，就能理解其在工作生活中所扮演的重要角色。

往大了说，人事档案能证明一个人从学校到社会不同时期的人生轨迹，也是对员工工作经历的记录。就像引文中的小赵一样，很多员工都认为人事档案没什么用，要不要都可以。但其实不然，在现代劳动用工管理中，人事档案对员工的重要作用有以下几方面：

为员工提供办理护照、港澳通行证的政审手续；提供婚姻状况证明；为流动人员提供身份认定和办理社会保险；为员工代办申报职称；根据档案确定退休年龄；根据档案中从事有毒、有害工作的年限推算提前退休年龄；代为缴纳职工的养老保险、失业保险和大病医疗统筹、工资调整；出具与人事档案有关的证明材料等等。

员工档案

基本情况	姓名		性别		民族	
	出生日期		身份证号码		
	政治面貌		婚姻状况	( )已( )未	
	毕业学校		学　历		
	毕业时间		参加工作时间		
	专　业		户口所在地		
	籍　贯		邮政编码		
	地　址		联系电话		
	手　机		电子信箱		
	备　注				
入司情况	所属部门		担任职务		
	入公司时间		转正时间		
	合同到期时间		续签时间		
	是否已调档		聘用形式		
	如未调档，档案所在地				
	备　注				
档案所含资料	文件名称		文件名称		
	个人简历		求职人员登记表		
	应聘人员面试结果表		身份证复印件		
	学历证书复印件		劳动合同书		
	员工报到派遣单		员工转正审批表		
	员工职务变更审批表		员工工资变更审批表		
	员工续签合同申报审批表				
备注					

除此之外，我也将从四个方面详细解读人事档案的重要性。

一、档案管理的意义和任务

1. 档案管理的意义

作为一名职场人,员工首先要明确档案的存在是一种社会现象。随着社会的发展和时间的推移,一部分档案的成分被保留下来,而另一部分的档案在不断地被损毁。

要知道,档案管理的科学规范程度是衡量一个单位业绩和管理水平的重要尺度。档案记载了单位发展史上的优秀成果,是研究企业经营业绩的第一手资料。只有做好档案管理工作,才能对企业进行科学分析,扬长避短,制定企业未来的发展方向。

因档案管理决定了企业的商业版图和未来发展,所以对企业不断提高管理效率具有深远的意义。做好档案管理工作,就是不断提升单位在市场经济中的竞争力。

2. 档案管理工作的任务

维护档案的完整和安全,是整个档案工作中一定要始终遵循的基本要求,同时也是档案工作各个环节的共同任务。从某种程度上说,维护档案的完整与安全就是档案管理工作的中心任务。说白了,档案管理工作这个环节就是维护档案完整和安全的主要手段。

下面我们来看一下档案管理工作的具体任务:

首先要防止档案的损坏。这就需要员工能够了解并掌握档案损坏的原因和规律,通过具体的工作,采取专门的技术措施,最大限度地消除各种毁损影响,把档案的自然损坏率控制在最小范围内。

其次是延长档案的寿命。档案室的工作不只是预防档案的自然损坏,还要从根本上采取积极措施,最大程度地延长档案的寿命。或者说,最大限度地延长档案自然损毁的时间。

最后是维护档案的安全。维护档案安全,就是让档案能够最大限度地安全存在,且不会因为保管失当或条件低劣而让档案丢失、导致泄密,造成企业保密方面的缺失。

二、职工档案管理中存在的主要问题

职工档案是对职工个人学习、工作成绩、生活状态的原始记录,也是职工享受社会待遇的凭据,它关系到职工的切身利益。然而,随着市场经济的建立和社会的发展，原有的企业职工档案管理办法已经不能满足日益发展的市场需求，因此档案管理在工作上遇到了很多问题。

1. 现行企事业职工档案管理体制与市场经济发展不相适应

现在的企业职工和事业单位的职工，在档案上都没有一个统一的管理。大部分企业和事业单位的主管部门只管理正式工身份和部分劳务工身份的员工档案，这种管理方式有悖于企业单位及事业单位实行的全员劳动合同。这也给企业单位和事业单位的职工带来了消极影响，给基础管理工作带来了不少麻烦，不利于维护职工的个人利益。

2. 企事业单位档案材料的客观性、准确性、完整性差

由于部分企业或事业单位没有严肃负责地填写档案材料，导致有的档案错漏百出，甚至造成职工档案记载的出生时间、参加工作时间都前后不一致，给员工带来了麻烦。

有些私营企业或股份制企业的领导觉得职工档案没什么用处，甚至不给新来的职工建立档案，有时还随意更改员工档案，给劳动保障部门办理职工失业、退休等手续增加了困难。

3. 档案管理的软硬件不适应形势发展的需要

现如今，档案管理人员素质急需提高，就像我在引文中提到的小赵。要知道，档案管理是一项政策性和规范性都很强的工作，既需要工作人员有较高的政治素质，也需要有较强的业务能力。如果连档案室员工都没有这样的素质，就更别提其他人了。

此外，大多数档案室的设备都很陈旧，管理手段也比较落后，在防火、防潮、防蛀等方面都达不到标准。很多档案管理只限于不丢失，把档案装进袋子、锁进柜子即可。这也让后期的档案保存变得困难重重。

三、加强职工档案管理的对策以及方法

职工档案主要包括学历材料、工人录用材料、入党入团材料、工资表、奖励呈报审批表、处分决定及解除决定、培训结业成绩表和评定技能的审批材料、劳动合同、调动转移材料、聘用审批表、复员退伍审批表、转业审批表、退休（退职）审批表等。

然而，由于种种原因，现在的档案管理制度却较之时代越来越落后。因此，提

高并改进现有的档案管理制度变得迫在眉睫：

首先，要建立和市场经济发展相适应的企业职工档案管理制度。要适应经济发展和新型劳动力市场发展的需要而集中统一管理。此外，劳动保障行政部门与档案行政管理部门也应当制定完善的企业职工档案管理办法，进一步明确企业职工档案管理范围、内容、方式和标准等。

其次，企业要定期对档案管理人员进行业务培训，不断提高档案管理人员的业务水平。针对目前企业职工档案管理存在的问题，要让档案室管理人员在规定时期内，对所有企业职工档案进行全面的清理、规范，确保职工档案的完整、真实、准确。

最后，企业职工档案管理要更加规范化、科学化。通过科学的管理，给企业和职工提供更加便利的服务。企业应当通过档案管理更有效地保障职工和企业利益，充分发挥劳动保障部门的服务职能，提高档案管理人员的办事效率，让档案管理工作科学规范化。

四、职工档案管理的发展趋势

在中国，人事档案和户籍都对人才的流动具有极大制约作用。比如某位员工觉得公司不适合自己，想调到更能发挥自己专长的单位工作。在这种情况下，如果原单位的领导不同意放他走，那他的人事档案和户口就不能转走。如此一来，这个人即便调走了，也会在工作、家庭、婚姻、住房等很多方面受到阻碍。

人事档案社会化开放式管理模式是市场经济条件下的一种新模式。它是对人事档案管理模式更为科学化的补充，与传统人事档案管理模式处于并存发展阶段。市场经济条件下的新模式，与计划经济时代传统人事档案管理模式有所不同。

在传统模式中，人事档案是由各单位内部组织人事机构分别管理的，比较封闭和内向，在过去的人事管理中起到了重要作用，在今天也还有一定的适用范围，但这种模式不应成为现代人事档案管理中唯一的模式。

人事档案社会化开放式管理模式和传统模式处于并存发展阶段，二者各有利弊。传统模式更方便企业使用档案，但过于封闭、利用面太窄，实行规范化管理的难度较大；人事档案社会化开放式管理模式服务面广，便于社会各种人员利用，但存在易泄密、丢失等问题。

综上所述，我们应充分发挥两者优势，克服二者各自的弊病，让人事档案管理模式更加充实与完善。以上就是本节的全部内容。

27. 人事月报

引文：

> 大领导开会，跟人事部要人事月报。
>
> 我拿出一份人事月报表交给大领导。大领导蹙着眉说道："这个月的到岗人数怎么这么少？培训费用也有点高……这个李华表现得很不错，要注意看看是否值得培养。"
>
> 我点点头，接过了人事月报表。
>
> 大领导对我点点头："这个月的人事月报做得不错。"

引文中提到的人事月报是企业的重要组成部分。在踏上工作岗位后，大部分公司都会要求人事部制定基本的工作汇报。我们事业单位的基本形式是月报。

人事月报是对企业和员工本月工作的总结。很多员工觉得，人事月报是件没用的事，但这其实非常有必要，因为这份报表很可能是基层员工在领导面前展示表现力的唯一途径，人事月报对人事来说也是一项很好的考核指标。

如果企业没有这些规矩，那领导就很难看到员工的工作进展。下面，我就详细解读一下企业的人事月报。

一、人事月报要如何写

一般来说，人事月报有以下两种形式：一种是excel版本的全面数据库，是由各个模块工作报告汇总而成的；另一种是PPT，由excel汇总数据库提炼而成。由PPT做成的人事月报简洁、精练、亮点突出，且要能在复杂的数据上都附加上清晰的图表。

以下是人事月报的必备内容：

1. 本月人员配置状况

在这一内容中，人事月报需要标明人员的安排。主要包括各个岗位或部门的编制人数及实际在职人数；在职人员的年龄、学历；试用期及转正员工的人数和比例；不同形式的员工总数和比例。比如劳务工人数、实习生人数、合同工人数、缺编人数。

最后，要将人员配置总结出标准配置的达成率，给下个月的招聘计划提供指导。

2. 公司人员管理状况

人员管理包括招聘、入职管理、劳动合同管理、培训、人员异动等。在员工管理状况中，要对录用人员的招聘渠道及费用汇总进行说明，招聘费用比较简单，但是招聘计划的达成率不好预估。此外，还要录入本月入职人数，以及本月培训课时汇总。

在进行培训课时汇总时，要按照部门和课程类别进行分类，要注明本月培训计划的实施状况，明确培训费用的计划及实施情况，还要对外训的费用进行分析等。

3. 公司薪酬福利管理

这部分主要有福利和薪酬两方面。

福利：即本月社保、公积金汇缴的情况汇总。具体包括汇缴总人数、汇缴总金额、人员增减情况等。

薪酬：即本月薪资数据汇总、比较、分析。其中包括本月薪资核发总额、核发人数及岗位平均薪资数据。薪酬部分涉及人力成本、生成工资表等。

二、人事月报的内容你都写全了吗？

人事部的同事经常会抱怨，自己每次制作人事月报都要被大领导批评不全面。其实，人事月报包含的内容很多，大领导每次查看的侧重点也不一样。最好的办法就是把人事月报涉及到的内容都写全。

那么，人事月报都需要统计哪些数据呢？

要知道，每个单位的人事月报都不太一样，从人力资源六大模块考虑，通用的人事报表应包含以下内容——

1. 招聘：即本月实际到岗人数、部门分布和部门岗位缺失程度；

2. 培训：本月培训的形式、内容、人数、部门分布，覆盖率和培训费用统计；

3. 绩效：本月绩效较好的人员和较差的人员，如果基层员工业绩无特别突出或特别不良者，可以只考虑管理人员；

4. 薪酬：本月公司人工成本总额、部门人力成本总额、环比增长率和同比增长率；

5. 劳动关系：本月员工的异动情况，如升职、降职等，本月离职的人员数量和部门分布等；

6. 管理建议：这里要结合以上5个模块的统计，就现状进行总结后，人事部门再提出下一步建议。比如增加或减少某项支出等，这个就看管理人员的建议能力了。

在日常工作中，我们都习惯了自下而上层层汇报的工作模式，人事月报就是这样工作模式的汇总。HR每个月详细汇报各个模块的月度工作状况，再由各子公司人力资源经理汇总提炼后汇报给人力资源总监。最后，由人力资源总监提炼整合，提交给集团人力资源总裁。

可以说人事月报是每个HR的必备功课。关于人事月报，我个人喜欢按模块走，这样清晰明了，大领导也喜欢。我可以给各位提供一个思路——

首先，公司整体情况方面：

1. 部门人员分布图。把每个部门有几个人都列出来，最好做一个饼状图；

2. 公司人员分布图。就拿我们单位来说，一共分为实习生、试用员工、正式员工，人事月报要把每组员工各多少人做成一个饼状图；

3. 具体人员分布图。比如一线员工跟后勤的分布和男女分布等；

4. 学历分布图。员工学历可分为本科及以上、专科和高中等；

5. 入职年龄。可分为1年以下，1~2年，2~3年，4年及以上，做成柱形图。

其次，公司人员异动情况：

1. 当月入职人员人数，各个部门人数，图形可自己决定；

2. 每个部门在当月的离职人员有多少人；

3. 每个部门的员工在当月的离职率是多少；

4. 离职人员情况。比如总数、隶属部门、男女分布、急辞、自动离职或正常辞职等。

5. 人员调动情况。如哪个部门调出几人、调入几人；

6. 实习生留岗情况。第几期的实习生，一共来了几个人，最后留下来几个人，人事部要把留岗率统计出来，呈现在人事月报上；

再次，考勤方面：

1. 每个部门的员工在本月迟到、漏打卡的人数；

2. 每个部门的员工在本月的请假人数；

3. 员工的请假情况。如请事假、年假、婚假、丧假、产假的员工各多少人，按整个公司来统计即可；

4. 法定节假日上班人数，按天数统计；

5. 员工上夜班的人数统计。

最后，预算及费用方面：

1. 人力预算。计算实际情况及达成率。我们单位每年都会做人力预算，也就是指每个部门分各配几人的意思；

2. 社保预算、实际费用及达成率。这里的社保要加上公积金一起计算；

3. 部门自身办公品费用、低值易耗品费用、交通费、快递费、电话费等的预算、实际费用及达成率；

4. 公司有没有为员工购买团体意外险的情况。

人事部门月报表

人员招聘工作					流动状况	
说 明	招聘人数	应聘人数	报到人数	起迄时间	辞职人数	
					退休人数	
					停薪留职	
					资造人数	
					解职人数	
					其他本月经办事项	
					奖惩件数	奖 件，惩 件
					抚恤件数	件，金额
					劳保件数	新入 件，退 ，医疗单 件
					送医住院	件 人费用
					人员迁调	
出勤状况						
迟到早退			人 次			
请假	病 假		人 次			
	事 假		人 日			
	公伤假		人 日			
	婚 假		人 日			
旷 职			人 日			

审核　　　　　　填表

三、管理者的注意点

其实,从人事月报表里能够反映出很多管理上的问题。在这里,我除了要求 HR 懂得走出来,从管理的角度往上总结并汇报外,更多的还要求管理者自己学习人事月报中的种种数据意义。HR 应当把人事月报作为自己的辅助工具,尤其是初创企业和中小企业中的管理者更应如此。

很多初创企业或中小企业的管理者对人事月报很不重视,我就遇到过很多 HR 吐槽大领导,说他们只关心人力成本的分析表,而从不过目月报中的其他内容。这是一种失察的表现,也是一种失职的表现。管理者应从人事月报的全文着手,不要只拘泥于成本部分。作为管理者,眼光要放得长远些。

有些初创企业或中小型企业说,我不想斥巨资聘请能写明白报表的 HR。如果连这项投资都舍不得,那企业今后该怎么办?也有一条捷径——管理者学会自己看数据。在科技快速发展的今天,有不少关于人事月报的软件,HR 们不用把自己局限在重复的工作上,用好模板把信息填入即可。

HR 可以把自己解放出来,把功夫下到更有挑战性的战略层面。以上便是本节的全部内容。

28. 鲇鱼效应

引文:

老张一边看着几份简历一边问我:"孙红雷拍的《少年班》你看了吗?"

我点点头:"当然看了,你对这个片子有什么看法?"

老张摇摇头,道:"我不是对片子有看法,我是对吴未有看法。吴未就是那个混进天才班的普通人。"

"嗯,我知道,"我记得很清楚,"混入沙丁鱼里的鲇鱼,是吧?"

老张说:"不错,这个吴未的出现极大地挑动了少年班的活跃力。其实在咱们单位也一样,多来几个'刺儿头'和精英也未尝不是件好事。"

引文中的提到的鲇鱼和沙丁鱼，其实是管理学里的经典案例——鲇鱼效应。其最早来源于挪威。挪威人喜欢吃沙丁鱼，尤其喜欢鲜活的沙丁鱼，因此，挪威市场上活的沙丁鱼价格要比死鱼高很多。有经验的老渔民在运送沙丁鱼的过程中，都要往网里放一条大鲇鱼。

鲇鱼其实是沙丁鱼的天敌，但鲇鱼被放进鱼网时，沙丁鱼就会四处游动以躲避鲇鱼。沙丁鱼因为加速游动，而保持了旺盛的生命力。早期的企业管理者受故事的启发，把这种思想总结应用到人才管理中，继而演变成了著名的"鲇鱼效应"理论。

下面，我就给各位详细解读一下"鲇鱼效应"的具体内容。

一、"鲇鱼效应"的内涵

人们常说"成功易，守功难；守功易，终功难"。这句话包含了很深的道理，毕竟企业在创立之初，所有员工都是兢兢业业、艰苦奋斗的。而一旦企业有了成就，员工们就容易松懈怠倦。如果员工只追求安稳而不懂得拼搏创新，那么在激烈的环境下就很难通过竞争提高效率。

对于企业来说，只有竞争才能让内部不断进行改革与创新，只有竞争力才能形成"你追我赶"、共同进步的风气。因此，"鲇鱼"会给整个团队带来新的思想、新的活力。就像老张说的，"鲇鱼"能凭借积极主动的言行影响并调动起其他员工的热情。在给员工带去危机感和压力的同时，自己也在竞争的环境下进步。只有受到"鲇鱼"的刺激，企业和员工才能快速"奔跑"，才能焕发自身无限的潜力。

"鲇鱼效应"是企业激发员工活力行之有效的措施之一，现如今已经在企业人力资源管理中得到广泛的应用。当一个组织的工作达到比较稳定的状态时，就意味着员工工作的积极性大为降低。

要知道，"一团和气"的集体一定不是高效率的集体。这么说一点也不绝对，如果企业失去了创新力，那这种安稳的日子也不会持续太久。这时候，"鲇鱼效应"会带来很好的推动作用。如果有一位"鲇鱼式"的人物，无疑会激活员工潜力、提高企业成绩。

二、"鲇鱼效应"的积极作用

1. 对员工的激励。企业内部员工彼此之间互相熟悉，日久就会产生乏味感，继而产生惰性。尤其是企业里的一些老员工，身上有很多厌倦、懒惰、倚老卖老的现象发生。"鲇鱼"的出现，能给员工带去全新的危机感，使他们的自尊心受到刺激。

根据马斯洛的需求层次理论：人到了一定境界，其努力工作的目的已不再仅仅是为了物质，而更多是为了自我实现的内心满足。

所以，当一个"鲇鱼式"的人物进入到老团队里面时，那些已经懒惰的老员工迫于自尊和压力不得不再次努力工作，以免被新来的"鲇鱼"超过自己在公司的地位。

而对于新员工来说，"鲇鱼"的进入也是一件好事。他们将在"鲇鱼"的压力下，面对更大的挑战。为了能留在团队里，员工不得不比别人更努力。可见，在适当的时候引入一条"鲇鱼"，能在极大程度上满足团队战斗力的需要。

2. 对员工的带动作用。"鲇鱼"往往有很高的个人素质，有很强的业务能力及个人感召力，因此，他们周围总有密切关注自己的员工。他们的积极性和主动性都会通过言行去影响并感化周围的人，让员工们在不知不觉中仿效并追随之，继而提高员工的工作绩效。

3. 促进企业新文化的形成。不少企业都因为长期稳定而出现保守、惰性的企业文化，尤其是事业单位，由于工作安稳，甚至还会滋生出很多小团体，不利于组织的创新和发展。而如果适时地加入一条"鲇鱼"，就能给企业补充一些新鲜的血液。这对形成鼓励进取、崇尚竞争的组织形式和企业文化相当有利。

三、"鲇鱼效应"的消极作用

"鲇鱼效应"能对企业管理起到积极的激励作用，但我们看待事物时一定要注意一分为二。"鲇鱼效应"在发挥积极作用的同时，也不可避免地会出现消极影响。

1. 能人扎堆。"鲇鱼效应"的本质是激励。挪威的渔夫把鲇鱼放入渔网中，目的是为了把沙丁鱼平安运送到市场，而不是为了把沙丁鱼驱逐出渔网。因此，如果一个企业里有一个或几个精明能干的员工，本身会起到良好的"鲇鱼"作用。但如果"鲇鱼"多了，就会导致"能人扎堆"，各自为政，内耗过大。

2. 人才流失。企业在运用"鲇鱼效应"的同时，也要根据实际需要，适当地把企业内部一些有作为的"沙丁鱼"提升为"鲇鱼"。因为如果只想高新外聘"鲇鱼"，就会让一部分有能力的"沙丁鱼"失去晋升的机会，然后另谋高就或消极对待。

3. 人力资源的磨损。企业在引入"鲇鱼"的同时，可能会让企业的原有员工处于高度紧张的工作状态。"沙丁鱼"长期背负沉重压力，导致身心过度透支，长期来看，对人力资源的磨损极为不利。如果引入的"鲇鱼"有很强的个人主义观念，单打独斗的行为比较明显，那他不仅产生不了"鲇鱼效应"，还会把团队仅存的一点战斗力破坏掉。

4. 人际关系紧张。"鲇鱼"本身能力就很强，组织上如果片面强调"鲇鱼"的成绩而忽视"沙丁鱼"的努力，会导致"沙丁鱼"对"鲇鱼"的不满，从而丧失工作积极性，甚至造成组织内部人际关系的紧张，不利于企业凝聚力的形成。

四、"鲇鱼效应"人才的安身立命

"鲇鱼效应"在企业管理中是一把"双刃剑"，所以管理者在应用"鲇鱼效应"之前一定要充分审视企业员工的工作状况。只有企业符合"鲇鱼效应"的前提条件时，才能适当地引入"鲇鱼"。

在引入"鲇鱼"后，管理者要采用科学的方法对其管理，一方面给"鲇鱼"创造有利的工作条件，给予"鲇鱼"足够的尊重，让"鲇鱼"充分施展才能，积极投入工作；另一方面也要协调好"鲇鱼"和"沙丁鱼"之间的关系，在理解的基础上更好地进行合作。

在快速发展的今天，"鲇鱼效应"也给企业的管理者提出了全新的要求。"鲇鱼效应"的应用不但要求管理者掌握管理常识，还要求管理者本身就具备良好的素质和修养。只有这样，才能让鲇鱼型人才心服口服，才能确保企业目标可以很好地实现。因此，企业管理者在强调科学化管理的同时还要更加注重人性化，以确保管理目标的顺利实现。

关于鲇鱼型人才如何在企业里"安身立命"，这也是一个需要着重说明的问题。历史上有不少"好动"的人才，到最后的结果都不好。原因是他们"成也好动，败也好动"。而且，很多鲇鱼型人才往往在得罪了人之后还不自知，一些沙丁鱼又联合起来把他打压下去。

虽然企业因为这些"好动"的人得到了长足的发展，但这些"好动"的人才却没有什么好的结果。因此，鲇鱼型人才如果想做到最好，在不断提升自我能力的同时也要学会低调处事，韬光养晦。鲇鱼型人才要对企业忠诚，同时也要学会功成身退，因为任何忠诚都是有限度的；鲇鱼型人才固然要努力工作，但也要讲究做人做事的方法，当然，你也可以将方法称作手段。

对于鲇鱼型人才来说，最重要的固然是自我价值的实现，但最根本的却是如何求得自身的安全。以上就是我对"鲇鱼效应"的全部解读。

29. 赏罚分明

引文：

  年底，我们单位照例举办了年会。在年会前，人力资源部门格外忙碌。

  我统计了今年的员工业绩，发现两极现象有些突出。于是我和其他HR商量了一下，决定在年会上对业绩突出的员工加大嘉奖力度，并且对一整年只开了几单的员工进行私下谈话。

  老张不以为然地说："你觉得私下谈话能解决懒怠的问题吗？要我说，直接把年终奖分成如下级别。这两个业绩特别突出的，各奖10万元，业绩中上的奖励3万元，普通业绩的奖5000元，这两个一年就开了两单的，年终奖给100元。赏罚一定要分明。"

  HR纷纷点头，对老张的办法表示赞同。

就像引文中老张提到的，企业的赏罚制度一定要分明。企业就像一支军队，如果赏罚分明，就能提高整支军队的战斗力，提升企业在市场的竞争力以及企业运转的高效力；如果企业赏罚制度不明，一切规章就会形同虚设，企业也会走向下坡。

关于赏罚分明的问题，HR一定要做到有理有据。我认为，摩托罗拉公司的赏罚制度就是值得借鉴的代表之一。虽然摩托罗拉公司已经倒闭，但他们的管理方法确实值得我们取其精华。

据我所知，摩托罗拉公司在每个季度都会对员工进行一次评估，每年还要对部门进行一次评估。在年底召开的业务总结会上，会根据员工和部门这一年以来的表现制定一份专门的评估报告。这份评估报告将决定员工明年的薪水情况，还会决定哪些员工可以获得晋升的机会。

关于企业赏罚分明的内容，下面我将做一个具体的讲解。

一、赏罚分明的注意事项

第一，有功必赏。如果员工有功劳但却不能获得奖赏，那员工肯定会产生怨怼心理，陷入到懒怠的情绪中，失去工作的积极性和主动性。久而久之，员工就会因为有功无赏而降低自己的工作效率，员工会觉得自己没必要这么拼，最终影响到企业的运转。

第二，有过必罚。就像我在前文中提到的，企业和军队一样，一定要讲求制度和纪律。团队事务是公，个人事务是私，不能因为个人感情因私废公、有过不罚。如果有过不罚，就等于管理者自动放弃了惩罚机制，会让员工无视企业的规章制度和纪律。最终，企业内部就将变成一盘散沙，企业的运转也会受到阻碍。

第三，奖罚制度一定要恩威并施。如果员工取得成绩了，管理者要及时给予奖励，如果物质奖励没有到位，也要及时给予口头肯定，以激励下属取得更优异的成绩；如果员工犯了错，管理者要进行公正的批评和惩罚，目的是让员工认识到自己的错误，起到一个警醒的作用。最重要的是，赏罚制度一定要公平，不然会引发员工心理上的不平衡，导致局面变得混乱。

第四，管理者不能在企业搞"亲疏远近"。如果管理者公私不分、好坏不明，对犯错的员工不给予惩罚，对有成绩的员工不予以肯定，员工就会对管理者产生意见。长此以往，管理者在员工心中的形象会下滑，企业的规章制度也就形同虚设了。

在企业管理中，赏罚分明的原则一定要坚定而不动摇。制度一旦确立，就需要赏罚分明来维护制度，维护企业，这样才能让企业走得更加长远。

二、企业如何做到赏罚分明

首先，管理者需要以身作则，这是让员工"明法令"的第一原则。在这个基础上，管理者要时常对下属进行教育，谁要想以身试"法"，就一定要对其进行惩处，以儆效尤。而且，惩处必须要具备即时性，不能拖泥带水，更不能秋后算账。

其次，惩罚不能忽视的方面与奖励机制一样，惩罚机制也一样要付出成本，比如监察手段、人员、机构设置以及对员工惩罚之后的后续工作等，都要有一套严格的规范制度。此外，与奖励机制相比，惩罚制度更应当把握尺度和程度。

最后，任何惩罚都必须以制止不当行为作为界限，必须遵守合理、合情、合法的原则。如果员工的任何错误都会带来严厉的惩罚，那就会造成企业员工士气下降，离心离德，严重的还会有法律风险和社会形象等问题。

其实，火炉本身是好的，因为它的本意是给予人们温暖，而不是烫到别人。"赏罚分明"的制度，其实就是一种火炉效应，是一种企业文化氛围。一方面，企业要鼓励员工行使权利和义务，让员工就惩罚制度提出合理化建议，并积极寻找替代惩罚的办法；另一方面，企业要建立激励型管理机制。只有当员工深刻感受到遵纪守法带来的好处，才能对惩罚机制表示理解，才能有"我错了，我认罚"的坦然和勇气。

三、企业进行赏罚制度的具体措施

HR 都知道，企业制定赏罚制度是很必要的，那么，该如何制定公司奖励策略呢？

第一条是"要舍得，不吝啬"。

老张有句话，叫作"小舍小得，大舍大得；不舍不得，有舍有得。"这句话是非常有道理的，很多管理者的问题就出在"不舍不得"上。你要那么多的东西是没有用的。

我在单位一直都倡导"以个人退企业进为原则，以局部让全局为核心"的发展理念。因为我知道，只有自己"舍"一些，公司才能得一些；公司得一些，员工才会得到更多的发展。同样，管理者也要对员工舍得。老张提议，给今年的优秀员工奖励 10 万元。要知道，往年优秀员工的奖励只有 3~5 万元。老张此举，一方面是对优秀员工的鼓励，另一方面也是为了刺激更多员工努力工作，让绩效差的懒惰员工有知耻而后勇的心态。

第二条是"要明确，不含糊"。

在企业经常会出现这种情况：有的员工觉得奖太多，有的员工觉得奖太少。所以，HR 在制定奖励机制时一定不能含糊。奖励的范围和具体内容都要很明确。

第三条是"要有吸引力，不奖不需要的东西"。

给员工的奖励一定要有吸引力。记得有一次，我们单位派我去深圳演讲，我完成得很顺利，于是大领导奖励我跟深圳一位很有名望的企业家一起吃晚餐。我有很多同事都觉得这个奖励不好，还不如给点儿钱实在。可是我很喜欢这个奖励，因为很多人都没有机会与这位企业家一起吃晚饭。后来，我还把和他一起却吃饭的照片摆到了办公桌上。

所以，企业奖励给员工的东西一定要选他想要的，而惩罚也一定要选择让他痛苦的。有的员工说："公司奖励我了，我怎么还是没有动力呢？"那是因为企业对员工的奖励没有吸引力，奖励的不是他想要的。HR要了解员工究竟想要什么，这一点很重要。

第四条是"有重点，不能事事都奖"。

奖励要有重点，不能什么都奖。如果一个企业事无巨细都给奖励，就相当于你告诉你的孩子"好好做作业就带你玩""考了多少分就给你买什么"，这就是培养员工"无利不早起"的思维惯性。所以，管理者要倡导员工自我承诺与奉献的神圣性。

第五条是"物质与精神同步，不要单一地奖励"。

HR最怕的就是对员工进行单一的奖励。据调查，世界上90%以上的人都对物质和精神有共同的追求。如果只奖励精神，就会让团队没有战斗力和生命力；如果只奖励物质，虽然能让人充满动力，但也会让人性的责任和奉献变得模糊。

第六条是"处罚也要讲究艺术"。

这一条主要是讲"变罚为奖"，企业可以有奖检举不良行为。比如，某大型信贷公司的一楼有个小花圃，里面的花卉非常珍贵，但员工素质参差不齐，经常会出现"好花堪折直须折"的状况。起初，公司管理人员采取的是"一旦发现，罚款500元"，但防不胜防，收效甚微。后来，一位HR灵机一动，改成"凡检举破坏花卉者，奖励500美元"。从此以后，这一现象便逐渐销声匿迹。因为这种方法激发了公司员工共同参与管理的积极性，让破坏花卉者产生了被监督的惧怕心理。

员工奖惩建议申请表

申请日期

建议类别	奖励	记大功	小功两次	小功一次	嘉奖两次	嘉奖一次	表扬
	惩罚	记大过	小过两次	小过一次	申诫两次	申诫一次	警告
被建议人			部门：	职位：	姓名：		
事实说明							
人事部门意见							
批　　示							
复核意见							
主管部门意见							

30. 激励

引文：

　　小方是去年来人事部的员工，他业务能力很强，没来两个月就被调去业务部了。小方在业务部干得很出色，企业也奖励了他很多，在年终的时候还被评为单位的优秀员工。

　　午饭时间，我跟老张碰见了小方，小方神采奕奕地跟我们打了招呼。老张拍拍小方的肩，说道："年轻人好好干，前途不可限量啊。"

　　小方点点头，笑着说："还是咱们单位福利好，激励着我往前走啊。"

引文中，小方就是受到企业的激励，一步一步找到了自己的渠道。我身边有很多人，他们奋斗的原因不是为了物质，而是为了对得起企业对自己的栽培。有人说，现在哪有这么无私的人？还真有，起码在我身边这样的例子有很多。一旦激励的企业文化形成，就会潜移默化地影响到员工。本节，我就重点讲解一下企业的激励。

一、激励措施常见的负面影响

当然，万事都有两面性，激励措施也不例外。激励是为了更好地引导员工的行为，而这种引导则会产生正反两个结果——

第一个结果：激励符合预期。在这种情况下，员工会应公司的要求发展自己、充实自己，感念企业为自己带来的机遇，继而为企业创造更多财富。

第二个结果：激励不符合预期。前期，企业老总把饼画得太大，员工在没吃到之前，心里对这个"饼"还有个幻想，等真的拿到手里一看，原来只有芝麻大小，于是失望离职。

此外，造成激励措施负面影响的行为还有"激励不匹配"。比如公司鼓励员工甲的行为，却对员工乙的行为进行激励。如此一来，只能强化员工乙的行为，同时暗示员工甲的行为不重要，导致员工们做的工作从来都不是管理者要求的，而是管理者激励的。

激励缺少优先级。在实际管理过程中，有很多工作结果都很难认定，所以，某些懒得思考的 HR 就会把激励放在更容易衡量的地方。比如，员工按照工作计划或按质按量完成工作但没有奖励，而每天都来上班却有 200 元全勤奖。这种激励措施会让员工奉行形式主义，结果就是每个人都很努力，但公司业绩却很差。

二、正确的激励逻辑

当然，企业的激励逻辑很重要。如果没有正确的激励逻辑，就会像前文提到的一样适得其反。正确的激励逻辑包括以下 4 点：

1. 明确激励方向。企业要明确，管理是为经营服务的，而激励则是让员工走向特定的方向，其前提是方向清晰、目标明确。只有这种情况，激励的效果才能被正确激活。

2. 建立激励环境。无论管理者把"饼"画得有多漂亮，都只有在这两个前提下才会生效：第一，"饼"确实存在，也就是 HR 和员工都能看到未来的潜在收益；第二，如果"饼"存在，我会分到。这就要求员工对 HR、对企业有信心。

3. 设计激励方案。复杂的目标必须解构，要找到中心环节进行激励；激励不是结果，而是为了达成目标，所以 HR 应尽量在工作过程中进行及时的激励，引导员工的正确行为。

4. 实践反馈优化。激励不是一成不变的，只有把经营目标进行调整，或者是企业的激励方案达到了预期效果后，才能真正让激励行之有效。管理不讲逻辑，只看效果。

HR 必须要明确这一点：激励的核心是信任。如果缺了信任，就算把形式设计得再完美，都等于是自说自话。举个简单的例子——曹操的望梅止渴。这个激励方式很简单，但背后却是长期积累下来的威信。

三、企业如何建立合理激励措施

在这一段，我将从 7 个方面具体讲解一下企业该如何建立合理的激励措施。

1. 建立符合自身特点的企业文化。说白了，HR 就是用企业的企业文化塑造员工。企业文化是企业管理里的一个重要机制，成功的企业文化对调动职工的积极性，激发大家的凝聚力、向心力和创造力都有着长远的作用。

2. HR 要从转变现有观念入手，加强对广大职工的思想教育，引导员工，使员工明确、认同企业的竞争激励机制，明确企业渴望能上能下、能进能出的用人机制的意义，让员工能够自觉做到个人利益服从企业利益、局部利益服从整体利益、眼前利益服从长远利益。

同时,企业还要通过培训等手段对员工进行竞争观念的教育,激励员工做优胜者,敢于开拓创新,喜欢迎接挑战,鼓励失败者永不言弃。企业要为员工创造积极的条件,给他们提供奋起的机会,让员工把竞争的压力转换成学习的动力。

3. 制定公开的激励机制。同企业的其他原则一样,激励制度一定要体现公平的原则。企业在建立激励措施前应广泛征求员工们的意见,在此基础上制定一套大多数员工都认可的激励制度,并将制度公开。这样的激励制度会严格地长期执行下去,在员工中间也更容易推广。

企业还要把激励措施同考核制度结合起来,这样不但能够激发员工的竞争意识,还可以让员工把外部推动力转化成动力,充分发挥员工的潜能。

4. 建立科学合理的奖惩制度。首先,企业要把奖惩的数额适当地拉开距离,在企业中,平均主义是最没用的思想;其次,HR要以员工的实际能力和工作业绩为准,制定出公平合理的奖惩制度,让职工觉得奖励是公平的,这样才能让其成为激励的动力而非阻力;最后,HR要把握好奖励的时机,不要拖泥带水,错过最佳奖励时机。

5. 根据不同群体的特点选择合适的激励方式。激励分为正激励(也就是奖励性激励)和负激励(也就是惩罚性激励)。由于不同类型的员工有不同的理想和需求,这也决定了只有选择不同的激励方式,激励才能真正地有效。

从需求的层次来看,HR的激励形式应当侧重而满足员工在生活方面的衣食住行需要。企业中,绝大多数员工都更关心自己的生活问题,因此,企业采取物质奖励等正激励和淘汰制等负激励的方式都可以取得明显的效果。对于绝大部分员工来说,丰富的物质奖励可以为其提供富有挑战性的工作,激发其工作热情,而采用负激励则会让他们注意规范自身行为。

从职务层次来看,科技人员、HR和文化素养高的员工,相比于物质需要,更看重精神需要。而且,这部分员工多数从事高度创新等脑力劳动,惩罚性激励会让他们产生精神压力,甚至会让企业造成人才外流等负面效应。与之相反,越是层次低、素质差的员工,物质激励的作用就会越明显。

所以,企业在制定激励制度的时候不要"一刀切",要根据不同员工群体的特点制定相应的激励方式。

6. 采用多种激励机制综合运用的方法。企业可以根据本企业实际情况和特点,采用不同的激励机制。

比如：企业可以采用工作激励的方式，尽量把员工放到最合适他的岗位上，充分调动与培养员工工作的积极性。同时，HR 应当让员工参与激励，使之形成对企业的归属感和认同感，进一步满足员工实现自我价值的需要。现如今，企业的职代会制度和院务公开等形式就是这样。荣誉激励的方式在企业中采用得也很多。

事实上，企业对员工的激励方式有很多种，要注意的是选取适合企业特点的方式，综合运用各种激励手段，培养员工的积极性和创造性，让企业获得进一步的发展。

7. 企业要为职工营造一个良好的氛围。首先，企业要给员工扫除客观的障碍，创造良好的环境。其次，HR 要注意发挥领导者的人格魅力。HR 作为管理人员，必须要身先士卒、以身作则，如果 HR 本身就没有起到带头作用，还拿什么去影响员工，激发他们的情感呢？

公司奖励种类一览表

本表规定的奖励分服务资奖、创造交、功绩奖、全勤奖四种

种　类	授　奖　条　件
服务年资奖	员工服务年资满十年、二十年及三十年，其服务成绩与态度均属优秀的，分别授予服务十年奖、服务二十年奖、服务三十年奖
创造奖	员工符合下列条件之一者，经审查合格后授予本奖 1. 设计新产品，对本公司有特殊贡献 2. 从事有益业务的发明或改进，对节省经费、提高效率或对经营合理化的其他方面做出贡献 3. 根据"其他奖励"层次接受奖励 4. 在独立性方面尚未达到发明的程度，但对生产技术等业务确有特殊的贡献
功绩奖	1. 从事对本公司有显著贡献的特殊行为 2. 对提高本公司的效率有特殊功绩的 3. 对本公司的损害能防患于未然者 4. 敢冒风险，救护公司财产及人员脱离危险 5. 遇到非常事故，能临机应变、措施得当
全勤奖	员工连续一年未请假、事假或迟到、早退者，经审查后授予全勤奖

企业的作风对培养员工的良好品格也是大有裨益的。总之,管理不但是科学,更是一门艺术。无论是什么样的企业,只要想发展,就离不开员工的创造力和积极性。因此,企业一定要对员工的激励制度重视起来,根据实际情况综合运用多种激励机制。改变固有的思维模式,真正建立一套符合企业特色、时代特点和员工需要的开放性激励体系。只有这样,才能让企业在激烈的市场竞争中立于不败之地。以上就是我本节的全部内容。

31. 锯掉椅背

引文:

　　大领导开会迟到了,这是件很稀奇的事,因为他最讨厌别人迟到,我进单位已经二十多年,还从未见过他开会迟到。

　　果然,大领导一进门就说道:"我进来后,发现很多HR都很舒服地靠在椅背上,除了人事部和业务部外,竟然没有一位HR在我没来的这段时间看看文件和报告。"

　　我似乎预感到大领导要说什么。果不其然,大领导说道:"如果各位HR继续懒散下去,我可要效仿克罗克,把各位的椅背锯掉了。"

引文中提到的克罗克是麦当劳之父。几十年前,他不过是芝加哥某家名不见经传的纸杯和乳精机械制造商。当时没人能够预料到,他会成为没有国界的"麦当劳帝国之王"。

一、克罗克"锯掉椅背"

创业时期的克罗克不像别的老总,喜欢坐在办公室发号施令,他把六成以上的时间都用在"走动管理"上了。克罗克认为,只有通过实地去往各公司、各部门进行考察,才会发现很多问题,然后再针对问题及时解决。

克罗克的麦当劳帝国遇到过这样一个阶段——当时,公司面临严重的财务亏损。经调查,克罗克发现根源竟来自于公司各部门的经理。早期的麦当劳跟其他大部分企业一样,官僚主义作风严重。经理们喜欢舒舒服服地躺在椅背上,对员工和问题指手画脚。他们坐在椅子上，根本看不到问题的根源，只能把时间都浪费在空谈和相互推诿上。

克罗克为此寝食难安。克罗克认为，要想改变麦当劳的局面，光靠几次训话和惩罚是解决不了的。为了彻底清除经理们的懒惰作风，克罗克想出了一个奇招，他给各地的麦当劳快餐店发出了一份指示——把所有经理的椅背锯掉，立即执行。

所有的人都疑惑不解，他们不知道总裁的用意何在。但面对严厉强硬的命令，经理们只好依章照办。他们坐在没有了靠背的椅子上，觉得十分不舒服，不得不经常站起来四处走动。于是，经理们才领悟出了克罗克的苦心。终于，麦当劳的经理们纷纷走出办公室，跟克罗克一样深入基层，进行"走动管理"。经理们的行为影响并带动了全体员工，让企业在短时间内就转变了形势，扭亏为盈。靠着这一秘诀，克罗克不仅解决了麦当劳公司的财务问题，还把麦当劳打造成了全球500强企业。

二、"锯掉"惰性的意义

克罗克把椅背锯掉了，经理们惰性的温床也就消失了，人的活力和创造力都被激发出来，企业的效益也就扶摇直上。这种良性循环的规律也同样适用于其他领域，尤其是人生奋斗方面。

一直依靠椅背的 HR，绝对不可能把公司带向成功。因为依靠椅背，就会逐渐迷失自我，让自己失去前进的动力。依靠会让人们产生不切实际的幻想，会让人的意志懈怠消沉。倒不如锯掉生活中的椅背，直起腰，迈开腿，只有这样才能不负企业，也不负你自己。

我有位同事说，所有人的骨子里都是懒惰的，如果这件事跟他们没有利益挂钩，他们就不愿意积极主动地完成工作；有时候，就算跟他们的利益直接挂钩，他们也会出现懒惰的情况。要知道，懒惰对企业来说是非常危险的事，尤其是对处在上升期的企业或中小企业们。

三、企业如何"锯掉椅背"

1. 处罚培养不了自觉

我有一位下属，在工作时间被我发现玩手机游戏。我强压着怒火，走到他前面看着他，他抬头看了我一眼，表情很尴尬。但我心平气和地说："这一次我不罚你，但如果再被我看到，我就会罚你500元钱。"

让我惊奇的是，还没过两天，我又抓到他在玩手机游戏。这一次，我二话没说，直接扣掉了他500元。自从扣了钱之后，我再也没看到过他在工作时间玩游戏。

是处罚的力量吗？并不是，而是我这个人很讲道理。我给过他一次机会，他却会错了意，认为我并不会处罚他，于是才有了再犯。等我履行了我的警示，他明白我是个说到做到的人，于是，他也要说到做到，强制自己不在上班时间玩游戏。

2. 制度管人，还是人管制度？

我大学时期的朋友创办了一家企业，我那位朋友人很拼，他经过十多年的努力，把自己的企业销售规模推到了2亿元。但好景不长，企业有关销售管理方面的问题越来越多。他在各地的分公司独立为政，用各种借口不听总公司指挥，甚至连本部的员工也有些懒惰。这种情况已经严重影响到公司的正常经营。

看他日渐愁苦，我就介绍了一位具有外资背景的管理顾问给他认识，希望这位顾问能帮他的企业解决问题。经过一番研究，这位顾问决定先从企业的流程和管理规范入手，希望通过强化管理规范来提高企业的执行力，调高整体的战斗力。

很快，新的管理体系出炉了。然而，这份规定好写，推行起来却很难。没过多久，新的管理制度就因为多数人强烈反对而最终不了了之。

要知道，制度也是由人来制定的。一群优秀的员工能在无形之中为企业制定一套好制度，一群懒惰的员工却只能形成坏制度。因此，企业在面对现代管理制度改革时最重要的不是制度好坏，而是掌握制度和执行制度的人如何。在制定新制度前后，一定要对员工进行培养与训练，剔除顽固不化的员工，引入新鲜血液。我朋友的例子也恰恰说明：一件好的事情没有一群好的人去做，只能得到一个坏的结果。

3. 只有员工自觉，才能提升管理

企业经营的最高境界，就是培养员工的自觉性，让员工能够自主自发地工作。所谓的主动，并不是口头上的主动，也不是行为上的主动，而是思想上的主动。我们单位有不少销售人员，他们在工作上也算勤劳肯干，但却不能自觉地思考问题。遇到事情，只会推给上级或公司解决，这些行为都是没有自觉意志的表现。

有些员工在上班时还是能够考虑问题的，可一到了下班时间就把工作上的事情全部抛开，这也不是积极主动的表现。就像业务部的HR说的那样："没有把工作融入到生活中的销售人员，永远也不可能是一名优秀的销售人员。"

通过对销售人员自觉性的例子分析，就不难得出以下结论——

销售的成功不能依靠制度，而更应该依靠人心；人心是问题的关键，人心的问题更是关键,管理的核心目的不仅是控制,而是尽可能地调动他们共同进步。

四、世上没有一劳永逸的"椅背"

在现实工作中,我总能接触到各种各样懒怠的员工。我甚至发现,有很多同事年龄不大,但却十分懒散。这部分员工不但在工作上不思进取,还不愿意发挥聪明才智,遇到问题第一个想到的不是如何解决,而是如何敷衍应付工作。他们整日偷懒,对自己的工作也是得过且过,成天过着"行尸走肉"一样的日子。

很多员工说,国企就这点好,日子一天天地过,每个月时间一到,工资就会轻轻松松地打进卡,没什么好忧愁的事情。也有员工说,工作得积极主动又能怎么样,只不过是年底评先进或优秀的时候有点用处罢了。这样还得明争暗斗、面红耳赤的。咱不求功名利禄,只要轻松自在就行。

我就开除过一名员工,因为我多次强调不允许工作时间浏览无用的页面,但她还是看电影、逛网商,甚至还在办公室里嗑瓜子,日子过得悠然自得。她的原话是:"我当初进国企,就是因为国企安稳。如果你这么上纲上线,我还不如去私企干。"我直接告诉她:"你明天就可以去私企报到了。"

要知道,在同一部门中,正是由于这些"淡薄名利"的员工,他们抱着"工资照发"的心态,优哉游哉地在椅背上晃荡着脚,同时却让另一些人拿着同样的工资,却承受了更多的工作压力,忙得手忙脚乱。

世上哪有绝对一劳永逸的"椅背"呢?当你处在优越的环境中,你便已经失去了继续奋斗的意志。如果你挡不住这种优越所带来的懒散,同时又不愿意被懒散销蚀掉自己的斗志与青春,那么,请锯掉"椅背",找回自己。只有锯掉了"椅背",才能让你专心努力地奋斗下去。

我不能计算锯掉"椅背"能让你的生命增值多少,但我至少知道,如果你一直都窝在椅背里,就会止步不前,碌碌无为。如果你想有所作为,你想在仅有一次的人生中拼一把,你想活得精彩,那就请锯掉生命中的"椅背",不要让它成为你成功的障碍,去过一个有智慧的人生吧。以上就是我本节的全部内容。

32. 做一些分外的工作

引文：

我对老张说道："咱们部门有个男员工叫霍浩你知道吗？"

老张点点头："知道，一开始我以为他有洁癖，老是帮着扫地，后来才知道他是个热心肠，谁有事儿都愿意找他帮忙。帮他搬过好几次资料了。"

我说："不错，这样的员工再多几个就好了。我准备年底给他升为三级职工，你看怎么样？"

中国流传着这样一句话："在生活中，做好自己分内之事。"当然，这句话说得没错，但我想说："在职场中，你分外之事也要做到。"

我们单位有不少员工，每天只要做好自己分内的事后就事不关己、高高挂起了。当然，这种行为也是无可厚非的，但如果想在职场获得更好的发展，多做些分外之事也是理所应当的。

一、为何要承担分外工作

员工主动选择承担分外工作，主要是出于以下 4 点原因：

1. 责任心的驱使。很多素质高的员工，在工作中都能把自己能看到、能做到并能做好的工作完成，并且在完成自己工作之余还积极主动地承担一些分外工作。

2. 互助心的影响。每个企业都讲求团队合作，虽然是别人的工作，但如果自己能帮上忙就主动帮一下，因为互助才能让一个集体变得更有团队精神。

3. 平常心的指引。素质和能力俱佳的员工，已经把做好每一项工作都当成再平常不过的事情看待。他们不会因为多劳动或多出一点力，就感到委屈和不公。

4. 学习的心态。对于大部分人来说，每项工作都是一种学习与锻炼的机会，多承担一些分外的工作能让自己获得更多学习的机会，让自己的能力得到提高。作为一名 HR，这是我认为的很重要的几点。

在工作中，素质高的员工不会强调分内与分外。因为分内的工作是领导交给你的，你应当完成，也必须完成；而分外的工作是你在时间允许，并且完成了自己本职工作的前提下，能尽量去多完成的事。要想在工作中有所作为、取得成就，就得先对自己有一个客观的认识。主动做一些分外的工作，常常会对一个人的成长带来意想不到的好处。

很多时候，做分外的工作都是对员工的一种考验。我很看重员工多做分外之事，其他 HR 也是如此，如果一名员工能毫无怨言地做一些分外的工作，不仅向 HR 表现了你乐于接受工作磨砺的品质，也展现了你不同寻常的能力。

对于员工来说，很多人都愿意主动做一些分外的工作。虽然这表面上看起来是吃了亏，但细数起来，往往在最后成功的也都是这些"吃亏"的人。只有你愿意主动承担分外的工作，才能拥有更大的舞台，才能拥有更多的经验，才能有机会走向更高的职位。

同时，承担分外工作也是一笔人情收获。工作中，你的同事难免有需要你帮忙的时候，你要在平时就注意培养同事之间的感情。当你分内的工作已经做完时，不妨主动请求帮助同事或部门做点分外的工作。这不但能给领导留下一个乐于助人的好印象，也会让同事感念自己，还给了自己充分学习交流的机会。此外，当你需要同事帮助的时候，也没谁会把你拒之门外。何乐而不为？

HR 也要注意，在评议工作中，不能把员工的分内、分外"一把抓"。做好分内工作是对员工的第一要求，分外工作要做到支持鼓励。分内工作判断的是员工的能力，分外工作则是判断员工的素质。二者切不可混为一谈。

二、分外的工作是机遇

在日常工作中，每名员工都有自己必做的职责。但现实中，不少人都会多做一些不属于自己工作范围的额外工作。说实话，没谁能够完全坦然地接受不属于自己工作范围的额外任务，而且大部分员工也都处在"上面交代的任务，不得不做"的被动状态中。

但是，分外的工作却是可贵的机遇。

1. 付出终会有回报

很多员工都讨厌分外的工作，为什么？除了分外的工作会超出的接受范围外，还有个最重要的原因，那就是公平。我有位员工是这么说的："凭什么让我拿 5000 元的工资，却要吃 8000 元的苦？"

美国心理学家亚当斯提出了"职场公平理论",即一个人的工作动机,不只是被当前的实际收入所影响,还会受到"相对报酬"的影响。相对报酬即自己的劳动与报酬和他人相比较。所以,大部分员工惧怕的都是"不公平",他们害怕自己做的分外工作会"捞不到半点好处",或者"成为别人邀功的工具"。

但其实,一个人的在某一方面的努力并非都毫无结果。任何努力,收到回报只是早晚的事情。我们单位业务部有名员工,他是应届毕业生,学的是英文专业,但是单位却把他派到国际贸易采购岗位。

每天,他除了需要完成采购的本职工作外,英文专业的他还要帮忙翻译不少来自各国供应商的产品说明。他需要把翻译好的文件通过单位内部邮箱发给全体同事,同时再抄送一份发给 HR。业务部的工作很繁忙,尤其是采购工作,他只能利用下班时间对资料进行翻译与整合。他坚持了一年,虽然很累,但也学到了很多专业知识和专业术语。

通过翻译资料,他对供应商的情况以及产品性能非常熟悉。因此,部门派他参与了公司的各种重要会议。不久之后,采购部门主管辞职了,业务部的 HR 意外地把他破格提升成采购主管。

整个单位的人都在说他运气好,刚毕业不到两年就被提拔成主管。但是他的努力,业务部的 HR 通过每一封加班邮件都看到了。

2. 机遇披着麻烦的外衣

没有什么机会能被人轻易地发现,因为它们通常会披着"麻烦"的外衣。怕"麻烦"的员工一直都在叹息:我为什么没有好的机遇?而其实,只是因为他们怕"麻烦",让机遇不知不觉地从身边溜走了。

美国著名的管理者杰克·韦尔奇一直因为出色的管理而闻名世界,在他的管理下,美国通用电气的市值从 130 亿美元增长到了 4800 亿美元。但是很少有人知道,杰克·韦尔奇在刚开始进入通用电气的时候却非常讨厌公司的管理制度。

杰克·韦尔奇在进入通用电气后,上级派给他的第一个工作就是在一所简陋的楼房里和另一名化学家制造一种用于化工的新材料——PPO。在当时,整个公司都没人愿意接受这样一份工作,因为这份工作不仅环境差,而且在短期内也看不到结果。常人都不愿意接受,更何况杰克·韦尔奇呢?他可是毕业于美国名校伊利诺伊大学化学系的博士生啊。

虽然杰克·韦尔奇能找到一份环境和待遇都更好的工作,但他一直都记着母亲的教导——在任何时候都不要轻易放弃。于是，杰克·韦尔奇决定留在这家破败的工厂，还下定决心把这件麻烦事做好。

经过一年的努力，杰克·韦尔奇终于把工厂建立了起来，他的工作成果也获得了美国通用电气的认可。但是，公司却让他失望了，因为杰克·韦尔奇并没有得到高薪，按照美国通用电气的标准，杰克·韦尔奇只获得了1000美元加班费。就像我之前说的，他的努力并没有马上获得回报。

这个时候，他很想辞职，离开公司。但经过一番深思熟虑，加上部门负责人的劝阻，杰克·韦尔奇还是决定留下来。最终，他成为美国通用电气公司有史以来最年轻的董事长和首席执行官。杰克·韦尔奇选择了"麻烦"，这个"麻烦"不仅改变了他的职业生涯，更让美国通用电气公司内部管理发生了翻天覆地的变化。

在职场上，"麻烦"很可能是一次机遇。

三、分外的工作让你成长

没有哪个HR喜欢一名爱推脱、爱逃避责任的员工。很多员工都对公司抱着"大河有水小河满，大河无水小河干"的态度，他们知道，自己所做的一切工作归根结底都是在给公司创造财富。但他们却忘了，只有公司强大了，自己的利益才能获得满足。

如果想让自己的职业生涯有所发展，那就不能急功近利。目光短浅，只被眼前利益吸引是不能长久的。管理学中有个很有名的定律，叫作"多一盎司定律"。这是指公司里取得突出成就的人，与取得中等成就的人几乎做的是一样多的工作。他们所做的努力真的相差很小，如果把努力量化，就只有一盎司左右。而一盎司大约是30克的重量。

由此看来，成功与平庸之间的努力差距很小，只差毫厘。我们有很多平时觉得"做不做两可"的小事，其实都能成为你成功与否的条件。

对于职场新人来说，工作根本就没有分内和分外之说。分外的工作不仅能让你增长经验，还能让你在职场中成长得更快。时间会证明，你所有的努力都不会白费。一定要记住，分外的工作就是机遇。以上就是我本节的全部内容。

部门工作分类表

部门名称

职务名称	负责工作			保管档案填写报表	具备条件
	日常工作	偶发定期工作	临时或代理工作		

33. 晋升的诀窍

引文：

　　大领导开会，重点强调了今年要从基层员工提拔上一位到管理层。

　　我很理解大领导的做法，这也是我们单位的惯例：每年都要对基层员工进行划级，能力突出的员工会升一级，给加薪奖励，名额大概是2~4名；每3~5年，会从基层员工里选一名进入管理层。

　　老张神秘兮兮地对我说："晋升是每个职场人都希望的事情，而这件事看似无规律可循，实际上却暗藏诀窍——"

引文中，老张说到的诀窍也是职场上的"潜规则"。很多人干了很多年都没有晋升，他们来公司的时间长，能力也足够，为什么晋升名单上却迟迟没有他们的名字？说白了，就是他们对"潜规则"没有具体的了解。本节，我就为各位讲解一下晋升的诀窍。

一、职场新人的晋升诀窍

都说职场如战场，这句话也不是没有道理的。每年都会有很多年轻人迈入职场，也等于是迈进了战场。新人在初入职场时，工作肯定是相当勤勉的。但仅是工作勤勉还不够，必须要注意以下5点，才能迅速融入公司，取悦老板，才能为以后的晋升打下基础。

秘诀一：让老板知道你在做什么

现实工作中，员工都会给 HR 写报告，比如日报、周报，还有我在前文提到的月报。办公室的员工基本上都生活在各种报告里。确实，报告能帮助员工解决很多问题，使用好报告这件"武器"，你就能获得晋升的机会。除了书面报告外，口头报告也很重要。

报告和邮件之类的东西，就是员工直接展示个人能力的途径。《杜拉拉升职记》想必各位都看过，杜拉拉就是凭借一份精美的报告从普通职员被上司提拔成职场精英的。她的升职轨迹如下：27岁，行政秘书，月薪3000元；28岁，行政秘书，月薪3500元；29岁，销售总监秘书，月薪6000元；30岁，HR 主管，月薪12000元；33岁，HR 经理，月薪25000元。

很多职场朋友看着都很燃，觉得人生就该像杜拉拉一样，升职顺利到开了挂。其实，她升值的秘诀之一很简单，那就是经常报告。你需要让老板随时都知道你在做什么。有的员工工作得很认真，但就是不擅长报告，到了加薪升职的时候，老板可能都不会想到这个人。

不会做报告，对个人的加薪升职非常不利。

秘诀二：尽快熟练掌握专业技能

虽然现在都说"干得好不如说得好"，但事实却是"说得好不如做得好"。就算你文凭再高，也只不过是一张"入场券"，要想让老板对自己器重，就要尽快把工作上手，将理论知识转化成专业技能，出色地完成老板交代的工作，才有升职的可能。

新人脑袋里的大多是理论知识，但工作需要的却是实践经验。所以，新人一定要有针对性地熟悉与工作相关的专业技能。当遇到困难时，一定要虚心请教，不耻下问，如果前辈对你做了指导，一定要记好笔记，争取同一个问题不要问第二次。

秘诀三：处好关系，融入团队

现在已经不强调"孤胆英雄"了，个人英雄主义的时代已经过去。如果一个人要想成功，就要擅长利用团队的力量。正所谓："三个臭皮匠，顶过一个诸葛亮"，个人的智慧有限，团体的智慧无限。

秘诀四：着装礼仪与职业相协调

穿着问题是很多职场人士都很容易忽略的问题。除了行政人员和销售人员外，单位对员工的服装并没有太多要求，得体即可。但员工平时的着装礼仪等都会被HR们看在眼里。如果稍有不慎，就有可能与晋升机会失之交臂。

着装礼仪就是要塑造个人形象。更何况，着装本身就是一种暗示。它既能暗示当事人自己是一个言行举止都很有素养的人，也能暗示领导自己是个干练的员工。

其实，职场的穿着原则很简单，你的穿着要与你的职业相协调。比如推销员，你穿的让人一看就是专业的推销员，那么你的职业形象塑造就成功了。在此，我也提醒某些程序员，衣服一定要勤洗换，在出门前收拾一下自己。不要真把邋遢当成程序员的代名词。好的形象会让你更容易得到晋升。

秘诀五：不断学习"充电"

职场的竞争会随着社会的发展愈演愈烈，如果你没有前进，就相当于后退。想在职场里避免成为"库存压货"，唯一的办法就是学习——多学几手，只有这样，才更让自己可能获得晋升的机会。想晋升，就要保持旺盛的战斗力和竞争力，自身的竞争力就源于不断的"充电"。

以上就是晋升的秘诀，上面的任何一点都能给你加分。如果将来有升职的机会，就能让你极大地增加晋升的可能性。

二、职场晋升必做事

当然，如果想在职场快速晋升，就要找到快速被提拔的诀窍。具体地讲，就是以下3方面。只要把这3方面理解到位，就能获得被快速提拔的机会。

1. 每天坚持三点——工作上比别人多做一点，责任心比别人多强一点，对于未来多想一点。如果你能按照这样的思维和习惯去思考、去做事，那你在单位里一定会有较好的口碑，如果你口碑比较好，就更容易被领导提拔。

2. 每天坚持三报——一定要学会把每天的工作向领导汇报；把工作中遇到的问题，随时向领导汇报；遇到紧急情况时，及时向领导汇报。

身为职场人，一定要把这三件事当成一个习惯。如果你能坚持下去，就会跟领导的沟通顺畅很多，领导对你的工作也会更加认可。如此一来，你与领导之间的信任感增强，对自己的晋升就有着决定性作用。

3. 和领导只讲结果，不讲如果——领导没那么多时间听你讲如果，所以，你一定要养成一个向领导递交满意结果的习惯。做好这一步，前提是你要学会领会领导的意图，然后在与领导确认完之后再付诸行动，这样的结果才是领导满意的结果。千万不要和领导说"你话没说清楚""再给我一点时间才能完成"等不负责任的话。

三、晋升前的准备

如果你进了职场，就有了晋升之心，那你在晋升前一定要做好必要的准备。我有4点需要跟各位分享：

1. "听君一席话，胜读十年书"。

这里所说的"君"就是指的职场名师。我国流行过这样一句俗话：名师出高徒，棍棒出孝子。不但生活中适用这句话，职场上也同样适用这条规律。名师就是你的上级，一个好的领导不仅能在工作和生活上给你指导，还能给你带来意外的好处——如果他本人被领导提拔，就会提拔你坐他的位置。

2. 在职场上，我们经常强调要努力做好本职工作，而如果你想升职加薪，只做好本职工作是远远不够的。就算你做得再好，充其量也就是员工里的专家。领导希望找到一个管理者，能替自己把活儿干好。如果你成为专家，领导是不会把你提拔成管理者的，因为一名管理者只会做业务是远远不够的。

3. 工作不一定太突出，但综合素质必须要明显。

领导的工作不是谁都能做的，也就是说，在专业技术和业务方面是通的。你学得可以不精，但是一定要广。就像前面提到的复合型人才，做管理工作的，不仅要对业务负责，还要对自己的团队负责、对上级和下级负责。这种关系是相当重要的。

4. 在职场要"跟对人"。

在职场上，你能否升职来讲，关系固然重要，但并不是所有的关系都能帮你提升。就像三国时期的袁绍一样，四世三公，有钱有人，门生故吏遍天下，可以说关系网已经很广了。但自己却理不清头绪，遇到事情就没有主意。就算身边有一大堆人帮他出主意，自己也选不出，根本拿不定哪条主意是可行的，总是完美避开了正确答案。错杀田丰、错信郭图、逼走许攸，最后被曹操灭掉。

所以，在职场上最重要、最直接的就是要跟对上司。上司不仅能给你介绍机会，还能给你创造机会，让你尽情施展才华。

工作说明书

部　　门		职　位		员工编号	
工作概况					
工作职责					
所需技能					
所需教育程度					
所需培训					
其他辅助工作					
与其他工作关系					
从哪项工作晋升					
晋升到哪项工作					
接受哪项工作					
监督哪项工作					

这里再重点强调一下，如果你想在职场上晋升得顺利，就必须要理解并实践这4条：有工作能力，有综合能力，获得上司的赏识，找对关系跟对人。如果你把这4条都做好了，那你的晋升之路也就板上钉钉、水到渠成了。以上就是关于晋升诀窍的全部内容。

第七章 绩效考核

34. 不要为了考核而考核

引文：

　　曾经有一段时间，我发现人力资源部的工作变得异常繁重，尤其是到月底时，工作量更是大得惊人，一开始我并没有注意到这一问题，可随着时间的推移，这种情况连续出现了几个月也没有得到缓解。我决定仔细研究一下这个问题。

　　原来，随着企业规模的扩大，绩效考核涉及的内容和人数也开始增多，需要填写的表格也越来越多。正是由于这一原因，人力资源部的工作变得繁重起来。看上去这也是正常的，但在仔细核对之后，我发现绩效考核中的许多考核标准已经失去了意义，我们所填写的表格也同样失去了应有的作用。

　　在企业规模扩大了之后，企业的经营模式也发生了改变，但绩效考核标准却并没有做出相应的调整。虽然拥有绩效考核制度，但实际上却已经失去了效果。这几个月来我们所完成的工作并不是对员工的实际绩效进行考核，而只是单纯为了考核而进行考核。

　　这一经历让我对绩效考核制度产生了很深的思考。

上面引文中的问题并不仅仅出现在我们公司之中，事实上，这种现象在大多数公司都很普遍。为了提高绩效考核的成绩，员工只有不断加班，这样一来即使工作进度没有取得大的进展，在工作时间上也会显得比别人更多。"我为公司付出了更多的时间，没有功劳也有苦劳"的心态是员工共有的一种心态。

在这里，可能大多数 HR 会从员工的身上去寻找原因，从而将调整点放在员工的思想意识层面上，然后继续实行原有的绩效考核制度，同时妄图用"生拉硬拽"的方式提高员工的工作效率和工作积极性。这就是绩效考核制度的症结之所在，也是我今天想要讲的重点之所在——绩效考核不要为了考核而考核。

每一名 HR 都知道绩效考核的目的在于提高员工的工作效率，从而为企业创造更高的价值。但很多时候，当绩效考核没有达到理想的效果时，大多数人则会将关注点放在员工身上。这便会产生一种不好的影响，员工的工作热情将会很大程度上因为绩效考核的要求而受到影响。既然如此，那还要绩效考核做什么？如果 HR 只是想要制定一个考核标准来让自己心安，那倒不如不去考核。

员工专项考核表

部门：　　　　　任职人：　　　　　　　　　　　　　　　年　　月　　日

岗位职责	负责程度 全责 \ 部门 \ 支持	衡量标准 数量、质量	考核分数

员工业务 工作总结	
部门考核结果	部门主管签字：
备注	

事实上，一些实力强大的跨国公司早已取消了传统的绩效考核制度。在这里，我总结了三个方面原因。

一、传统绩效考核无法评定人才

现代企业之间的竞争,人才已经成为至关重要的因素。在我眼中,一个专业人才的价值要远大于十个普通员工的价值,虽然十个普通员工的工作量会远超过一个专业人才,但他们所创造的价值却是远不及一个专业人才的。

在企业发展的早期,因为实际经验的不足,我们应用的也是传统的绩效考核制度。这种传统的绩效考核制度所看重的主要是数据信息,简单来说,小王的打卡记录上显示连续几天都有加班记录,而小李的打卡记录上则连续几天都显示正常下班。那么从数据上看来,小王所做的工作显然会更多。这样在绩效考核上,至少从数据上看,小王的就要好看一些。

那么,具体来说两个人工作的完成情况如何呢?这一点我们从打卡记录上并没有办法获知,如果想要进行更加精确的绩效考核,HR需要搜集两个人的具体工作完成情况,而不能仅仅依靠工作时间来对两人所创造的工作价值妄下结论。但实际上,大多数HR都选择性地忽略了这一点,当然,这不能完全说是HR的问题,很多时候,出问题的还是传统的绩效考核制度。

正是因为这种单纯依靠数据来进行绩效评分的制度,才让许多高效率的员工渐渐丧失了工作热情。既然完全依靠工作时间来评判工作价值,那就尽量拖延好了,不就是比谁的工作时间长嘛?大不了下班之后去路边摊吃个烤串后,再回来打卡下班呗。如果员工对绩效考核制度都抱有这样的心态,那么绩效考核制度的存在又有什么意义呢?

二、传统绩效考核缺乏灵活性

除了人才竞争之外,在现代企业竞争之中,企业对于问题的反应灵敏度也越来越成为企业发展过程中的一个重要因素。对问题的快速反应可以说是企业竞争的一大优势所在,因为能够快速对问题做出反应,所以企业可以根据用户的需求变化及时做出经营策略方面的调整,从而提高其在市场之中的竞争水平。

那么,这又与绩效考核制度有什么关系呢?我们知道,传统的绩效考核往往会在年底,通过年底对员工整年的工作进行绩效评定,从而决定年终奖发多少、工资是否发生升降、员工是否继续拥有任职资格等问题。

但这种年底的绩效考核很容易让企业错过解决问题的最佳反应时期,很多时候,年底的绩效考核会成为员工拖延反应问题的借口。对于那些绩效考核制度并不完备的公司来说，甚至到了年底绩效考核评价的时候，管理者和员工都已经忘记了上半年发生的事情，单纯查找过往的数据信息也并不能解决这一问题。

三、传统绩效考核不利于团队合作

企业是一个大团队，而在企业之中又存在着许多不同的小团队，现代企业往往都是以团队工作为中心展开的。不同的团队负责不同的项目，或者同一个项目由不同的团队分别进行，都是企业工作开展的重要形式。

但传统的绩效考核制度往往聚焦于对单个人进行绩效评价，而后依据绩效评价的结果进行排名。这样就很容易使得团队中的员工会更多地将重心放在个人利益之上，从而影响到团队合作的效果。

如果绩效考核制度导致这样的结果，那么这对于企业的发展来说无疑是具有毁灭性的。不仅不利于企业内团队的合作，更加不利于企业这个大团队的发展。追逐个人利益并没有错，我们每个人选择工作不就是为了创造更多的个人价值吗？但是如果绩效考核制度一味放大员工追逐个人利益的特性，就很容易摧毁掉员工对于企业发展的价值贡献。

我之所以用如此长的篇幅来介绍传统绩效考核制度的缺陷，主要是为了让大多数管理者认识到绩效考核的重点是在"绩效"，而不是在"考核"。我们在制定绩效考核标准的时候，目的是提高员工的绩效水平，而不是单纯为了考核而进行考核。

我这里还有一个例子分享给大家。同样作为销售人员，小齐和小高在同样的时间内都完成了营销 10 个客户的目标，同样都创造了 1000 万元的工作业绩。那么，根据绩效考核制度的标准进行评定，小齐和小高的得分不相上下，因为同样是完成了 10 个客户营销的目标，同样是创造了 1000 万元的工作业绩，绩效评价分数相同应该没有什么争议。

但在这里，作为管理者我们往往忽略了一个重要的问题，小齐和小高的营销工作所产生的实际效果究竟是怎样的呢？1000 万元的销售业绩不就是工作效果吗？在我看来，这 1000 万元的销售业绩是工作效果没错，但却不能代表全部工作效果。

事实上，小齐在营销过程中，只是带客户走马观花式地了解了一下产品，而恰巧这些客户都存在着一定的刚需，所以都选择了购买产品。而小高在营销过程中则表现得亲切大方，不仅向客户推荐了自身的刚需产品，同时也给客户留下了极好的印象，并建立起了深厚的联系。客户不仅购买了自身需要的产品，同时还自发地将企业的品牌对外传播，形成了极佳的口碑效应。

看到这里大家会发现，这样来算小齐和小高的绩效评定肯定不能一样啊，但在绩效考核制度的标准之下，却无法看到小高为公司所带来的口碑传播的效果。这样绩效评定分数相同，小高的工作积极性一定会受到影响，这也成为许多企业人才流失的一个重要原因。

所以在我看来，企业的绩效考核制度一定要将绩效与考核分开，员工的绩效需要抓，但不能为了考核而考核。现在甚至许多企业都将员工是否经常加班作为绩效考核的一个标准，认为经常加班的员工在工作积极性上要高于正常下班的员工，从而制定相应的绩效考核标准，这就是为了考核而考核。

与其这样，倒不如直接通过硬性规定延长员工的工作时间，但企业又不愿意多付出这样做的成本，只能用绩效考核将员工绑在座位上，不追求绩效，而只追求考核标准，从而逐渐走向绩效考核的反面，最终影响到企业的发展。

不想让绩效考核成为为了考核而考核的存在，作为HR和企业管理者该怎样做呢？这一点在下一节的文章中我们再详细论述。

35. 怎么样考核

引文：

一次，我们部门的新人小王向我请教有没有一种万能的绩效考核标准，能够适用大多数企业。我并没有直接回答这个问题，而是仔细思考了一番。简单地依靠KPI标准来考核员工现在已经被大公司所弃用，但在最初这种方式的确能够适用于大多数公司，简单粗暴却又无可挑剔。

当然，这并不代表我就认同这种绩效考核的方式。如果单纯为了考核而考核的话，这种方式真的是无可挑剔的。但真要从企业发展的实际去考虑的话，没有哪一种标准的绩效考核制度能够适用于所有企业，但每一个企业都能够找到一种自己适用的绩效考核标准。

每一个公司都能够找到一种适合自己的绩效考核标准，也应当找到这样的标准，这是每一位 HR 的首要工作职责。但我们必须认识到的一点是，这并不是一件简单的工作，即使是工作经验丰富的 HR 也很难完美地完成。

在我多年的从业生涯之中制定过不少绩效考核标准，即使是在同一家公司，绩效考核的标准也并非一成不变。这一点我深有体会，在公司规模较小的时候，就已经拥有一套成熟的绩效考核标准，但渐渐地这套标准开始跟不上企业的发展速度，因此变革就变得势在必行。

企业规模逐渐扩大，绩效考核标准也跟着得到了丰富。扩展之后的绩效考核标准很好地发挥了作用，但随着企业规模的进一步扩大，现有的考核标准又开始跟不上企业发展的节奏。因此，改良更新绩效考核制度又成为企业的重头戏。

前面说的这些，我要强调的始终只有一点，那就是绩效考核制度要不断变化。而下面我要说的就是在这种不断变化之中存在的那些不变的东西，也就是这里我们要谈论的该怎样进行考核的问题。制定绩效考核标准的时候，存在着一些不会变化的框架，这些框架就像人体的骨骼一样架构起了整个人。

人与人在体态上虽有所不同，但实际的骨架结构却是十分相同的。这一点可以很好地回答怎样进行考核的问题。当管理者抓住这些骨架的时候，也就抓住了搭建起绩效考核体系的关键。无论最终要如何改变绩效考核的标准，只要始终紧抓着这些骨架就可以了。

一、量化具体目标

我将绩效考核的第一个关键确定为量化具体目标，这些目标要具体到整个公司、各个部门、每一个员工，而从时间上也要包括年度、季度和月度的目标。可能有人会觉得量化得如此具体会增加绩效考核的工作负担，工作量增加是肯定的，同时产生的效果也是十分明显的。

作为管理者，正确认识团队绩效、部门绩效和员工绩效之间的关系是十分重要的。团队是由两个以上具备互补知识与技能的人所组成的具有共同目标和具体的、可衡量的绩效目标的群体，其成员为达到共同的团队目标而相互负责、彼此依赖。而部门绩效则是为了达成组织目标，通过持续开放的沟通过程，将组织目标分解到各个部门，形成各个部门有利于组织目标达成的预期的利益和产出。员工绩效则是员工行为和产出的一个综合结果，也是企业绩效的基础之所在。

如果过分强调员工绩效，便会导致部门内部的过度竞争，影响到部门的整体绩效,甚至牺牲部门利益。如果过分强调部门绩效,则容易忽视员工绩效,会很难确定个体在部门中作用。当绩效考核与员工的薪酬待遇相联系时,容易造成内部不公,影响部门整体的凝聚力,影响到部门绩效和组织战略目标的顺利实现。

所以说,量化绩效考核的具体目标是十分重要的,只有正确处理团队、部门、员工之间的绩效考核关系,才能高效率、高质量地完成绩效考核的工作,而不仅仅是"走过场",开展一些形式上的工作。

二、精确考核项

现在大多数企业在做绩效考核的时候都存在着一定的"偷工减料"行为。有些企业觉得做了员工绩效考核就不必再对部门进行绩效考核了,而有的企业则认为员工绩效考核太过复杂,直接进行部门绩效考核则要简单得多。即使是同时拥有员工绩效考核和部门绩效考核的企业,在协调二者的关系时做得也并不好。

所以,在这里必须要提到考核项的问题,考核项就是考核内容。在制定绩效考核标准的时候,我想要考核哪些内容,就把哪些内容列为考核项。如果想要考核工作完成度,那么我在将工作完成度设为考核项的时候,就要同时考虑到员工和部门两个方面,既要有员工的工作完成度考核,也要有部门的工作完成度考核。

普通员工服务成绩考核表

_____年度___月　　　　　　部门:　　　　　　　　姓名:

考核项目	得　　分								
处理能力	理解能力非常强,对事判断正确,处理能力较强	20	理解力强,对事判断正确,处理力比一般人强	16	理解力普通,处理事件不常有错误	12	理解较迟,对复杂事件判断力不够	8	理解迟钝,判断能力不良,经常无法处理事件	4
协调性	与人协调无间,为工作顺利完成尽最大努力	20	爱护团体常助别人	16	肯应别人要求帮助他人	12	仅在必要与人协调的工作上与人合作	8	精神散漫不肯与人合作	4

续表

考核项目	得　　分								
责任感	任劳任怨，竭尽所能完成任务	20	工作努力，分内工作非常完善	16	有责任心，能自动自发	12	交付工作常需督导始能完成	8	敷衍无责任感，粗心大意	4
积极性	奉公守法，足为他人楷模	10	热心工作，支持公司方面的政策	8	对本身工作感兴趣，不在工作时间开玩笑	6	工作无恒心，精神不振，不满现实	4	态度傲慢，常唆使别人向厂方提出不合理要求	2
勤惰	不浪费时间不畏劳苦，交付工作抢先完成	30	守时守规，不偷懒勤奋工作	24	虽少迟到早退，但上班后常不主动在岗	18	借故逃避繁重工作，不守工作岗位	12	时常迟到早退，工作不力，时常远离工作岗位	6
奖惩记录					考核评分				
					奖惩增减分				
					考　绩				

评语：_____　　考核者：_____

评分标准：90分优秀；80~90分良好；70~80分中等；60~70分及格；60分以下不及格

难道这两个方面的工作完成度不是相辅相成的吗？从我的工作经历来看，很多时候它们都是不同的。在大多数企业之中，部门工作效益并不能单纯地从员工工作绩效中反映出来，而往往在部门的绩效中得到反映。而如果单独对员工的工作完成度进行考核，则会掩盖部门的工作绩效。

有时候员工个人完美地完成了自己的工作，但部门却并没有完成相应的工作任务。而有时候部门整体工作已经完成，但某个员工个人的工作却并没有完成。这样在进行绩效考核的时候就要精确考核项，同时将考核项落实为一个个考核指标，进行精准的绩效考核。

三、各部门制定绩效考核表

制定绩效考核表是绩效考核工作至关重要的一环，没有一份完整的绩效考核表，绩效考核工作也就无从进行。而在制定绩效考核表时，除了选择一个适合的考核方法、兼顾全部考核项之外，多方修订也是一个重要环节。

多方修订是我个人对这一工作环节的总结，这一点要从几个方面来说。首先在最初制定绩效考核表时，部门意见是至关重要的，各个部门对于自身的工作都是十分明晰的，对于工作的考核各个部门也最有发言权。所以，最初一稿的绩效考核表应当交由各部门领导来制定。

当各部门制作完成本部门的绩效考核表之后，人力资源部门要将各个部门的考核表整理出来，从更为专业的角度进行统一审核。这里面就包括审核不好量化的指标、有争议的指标、与公司目标不匹配的指标和那些被考核人掌控不了的指标。及对这些指标逐一审核之后，人力资源部门还需要对各部门绩效考核表的文字内容进行丰富和润色，使其更加完善。

进行到这里，多方修订的工作依然没有完成，绩效考核表经过了部门领导和人力资源部门的修订，下一步就应该轮到员工来进行修订了。当人力资源部门完成绩效考核表的审核工作后，需要再将其发回到各部门，由部门领导与员工一起对其中的考核项和考核方法进行讨论。员工可以对考核项以及考核方法提出自己的见解，如果确实存在一定道理，人力资源部应当对绩效考核表中的相应内容进行修改。

在多方修订中，员工修订虽然是最后一个环节，但却是至关重要的一个环节。制定绩效考核制度的目的在于提高员工的工作效率和积极性，如果员工对于考核的内容都不认可，那考核就很容易成为束缚员工的枷锁，从而起到与初衷相反的作用。

四、绩效的跟踪和评定

多数人认为绩效考核表出炉之后，只要依据表格的内容进行绩效评定就可以了，但实际上，绩效考核表出炉并不意味着绩效考核工作的完成，这时候绩效考核工作恰恰进入到了最为关键的时期。

在进行绩效评定之前，人力资源部门需要对各部门、各员工的绩效进行跟踪，同时对于绩效出现问题的个人或部门进行相应的辅导。每一个企业的 HR 和管理者都应当谨记"绩效不是考核出来的"这句话，考核并不是绩效评定的最终目的，提高员工和部门的工作效率才是绩效评定的目的之所在。

这也就要求绩效辅导工作要贯穿整个绩效考核的全过程，单纯去追求绩效评定的结果并没有太大意义。举一个简单的例子：小王平时工作认真负责，与部门同事相处也十分融洽，但就是爱迟到，基本上每天的迟到记录上都会有小王的名字。

在这种情况下，作为人力资源部门，如果单纯等待月度或季度绩效评定时对小王的迟到行为扣除绩效奖金的话，并不能从根本上改变小王迟到的习惯，同时还很容易影响到小王的工作积极性。这时，绩效过程中的辅导就显得至关重要了，根据小王的问题及时进行辅导，而不是等到绩效评定时以扣除绩效工资的方式进行惩罚，效果将会好很多。

扣除绩效工资永远都是一种手段，而不能成为一种绩效考核的目的。与其在绩效评定之后进行惩罚，不如在绩效评定之前就帮助员工改掉不好的工作习惯。对于企业管理者来说，在绩效评定后要进行的工作只有一个，那就是对绩效工作进行分析与改进。没有哪个制度可以一成不变，只有不断进化更新的绩效考核制度才能够适应不断发展的企业需要。

36. 考核中的细节

引文：

在一次绩效面谈之中，我还没有提出问题，对面的小姑娘就已经"梨花带雨"了。因为这段时期她的绩效评定表现较差，才有了我们这次面谈，而经过这次面谈，反而让我对绩效考核工作有了更深一层的认识。

小姑娘平时工作确实努力，但却经常出现工作任务完不成的情况。我向她询问工作没有完成的原因，小姑娘带着哭腔开始了自己的叙述："我的工作需要一些数据做支持，原本需要财务部提供，但因为财务部没有收到各部门的数据汇总，所以并没有对数据进行统计，就没有办法提供我要的数据。我向经理汇报了这一情况，但经理在外出差，所以……"。

听了小姑娘一连串的叙述，我一时间没有反应过来，单从绩效评定的结果来看，只能看出小姑娘工作任务没有完成这一结果，而并不能发现她所说的这一连串内容。这样看来，虽然工作没有完成，但实际的责任却并不在小姑娘身上。

与小姑娘面谈之后，我寻找到同样在绩效评定中成绩不高的几位员工，与小姑娘有相同经历的人还有两名。这样看来，如果企业规模继续扩大，这样的情况将会发生得更加普遍。经过了一段时间的思考，我发现，之所以会出现这种情况，主要是因为在绩效考核的实行过程中缺少一些对过程和结果的管控，我称之为对于细节的管理。

对于上面的小姑娘，从绩效考核角度来看，作为管理者应当给她评定多少分呢？小姑娘没有完成自己的工作任务是由于客观因素，同时她也及时向部门经理反映了这一情况，在整个过程中小姑娘都在为完成工作而努力。由于客观条件超出了她个人的能力范围，导致她个人的工作没有按时完成。

如果按照绩效考核标准，从结果来看而她的成绩应该是不合格。而了解了其中缘由之后，又会觉得这样的判定存在着一些不公正。如果将成绩判定为不合格，员工自身也会产生不满情绪，从而影响到工作的积极性。而如果将成绩判定为合格，又将违背我们此前所指定的绩效考核规则，从而使得后续的绩效考核失去权威性。

所以，在绩效考核之中，管理者必须要做好对于细节的管控。上面的事例就很好地反映了绩效考核中的一个重要细节——过程监督。过程监督是相对于结果监督而言的，在大多数企业之中，绩效考核更加看重结果监督，也就是按照工作结果进行绩效评定。

企业追求的是最终的经济利益，员工完成工作将会为企业创造收益，完不成工作企业就会损失利益，所以从结果角度去进行绩效评定似乎并没有什么不妥之处。在大多数情况下，结果监督并没有什么问题，但遇到上面类似的情况就会暴露出十分严重的问题。

员工工作没有完成，如果从结果来看似乎是个人的过错，但如果从整个过程来看，很多人都需要对此承担相应的责任。所以，相对于结果监督而言，注重过程监督更能够提高绩效考核的准确度和公平性。

我之所以将过程监督作为绩效考核的一个重要细节，主要是因为现在很多上级的管理人员都只注重最后的绩效结果，而完全忽视员工在完成工作过程中是怎样做的。甚至还有的管理人员明确表示自己只注重员工的工作结果，而对于过程却丝毫不去过问，这就很容易造成部分员工将会以影响公司利益的方式去追求工作结果。

说到这里，还是回到了前面的小节之中我所讲过的"绩效考核并不是为了考核而考核"的问题。如果只是为了考核而考核，却不对考核过程进行监督，那绩效考核就失去了应有的意义。过程监督的意义不仅在于能够发现绩效考核各个环节存在的问题，更为重要的意义是为过程辅导和完善绩效考核标准做铺垫。

过程辅导是绩效考核过程中的另一个重要环节，相比于过程监督，过程辅导对于绩效考核来说意义更加重大。过程辅导需要建立在过程监督之上，没有了过程监督，过程辅导也就无从谈起。

在前面的章节中，我们提到过绩效考核必须要量化具体目标。在制定绩效考核标准时，能够做到量化的就一定要量化，即使是那些无法量化的目标，作为管理者也要清楚，绩效工作的管理是需要考核双方共同参与的。

职员考核细节表

考核时期：自　　年　　月　　日至　　年　　月　　日止

职别	姓名	性别	出生年月日	籍贯	学历	经历	到职年月日	请假天（时）数	实际工作天数	奖惩记录	备考
考核项目	项目		体态	仪态	学识	忠诚	热忱	负责	勤奋	主勤	
	评语										
	配分		0—5	0—5	0—5	0—5	0—5	0—5	0—5	0—5	
	得分	初考									
		复考									
	项目		合作	思维	守时	写作能力	发展潜力	言词表达	本职学职	完成任务能力	
	评语										
	配分		0—5	0—5	0—5	0—5	0—5	0—5	0—5	0—5	
	得分	初考									
		复考									
总分	初考		评语			复考			核定		
			年　月　日						年　月　日		

很多时候，员工确实努力工作了，但就是没有达成领导的要求，所以在绩效评

定中被评为不合格，受到了相应的处罚。作为领导来说，员工没有完成自己的工作就应当受到相应的惩罚。而对于员工来说，自己努力工作反倒受到了处罚，那倒不如不那么卖力工作了。即使管理者确实能够指出员工在工作方面的问题，员工也可能会出现"既然知道我有问题，为什么当时不说，非要等到最后绩效考核的时候再说"的抱怨。

  这一问题用生产线的例子解释最为恰当。我们假设有一个灌装食用油的生产线，整个生产线共有四个环节，分别是吹瓶、灌装、贴标、装箱。一桶合格的食用油必须要保证瓶身规整、油量充足、标签齐全和包装完整，这就要求各个环节都要准确地完成自身的工作。

  作为管理者也可以因此制定不同环节的绩效考核标准，制定完标准之后还需要对各个环节的工作进行过程监督和辅导。如果在吹瓶环节就出现了问题，那么灌装和贴标就不需要继续进行了。如果吹瓶阶段出现了问题，灌装和贴标仍然进行就会造成资源的浪费，生产出不合标准的产品来。

  过程辅导的作用就是解决过程监督之中发现的问题，从而保证后续工作的正常进行。所以在绩效考核的过程中，发现员工在工作环节出现问题，就需要管理者及时进行绩效辅导，及时告知员工自身存在的问题，让员工在工作中有一个更加明确的方向。对于那些在工作中偏离了自身绩效方向的员工，管理者也应当及时进行提醒和辅导。相较于在绩效考核中扣工资，员工更喜欢被领导当面训斥几句。

  绩效考核的目的除了为员工确定薪酬、奖惩的标准外，更是为了促进员工工作能力的不断提高和工作绩效的持续改进。为了实现这一根本目的，实行绩效改进管理已成为绩效考核工作中的另一个关键细节。

  如果企业管理者能够做到对于绩效考核工作的过程监督和过程辅导，却依然出现了上面例子中提到的问题，那管理者就应当思考一下自己所指定的绩效考核目标是否合理的问题了。当然，也有可能是员工自身在工作能力方面有所欠缺，这一点作为企业管理者应当能够判断出来，所以我主要从绩效考核目标的不合理方面来谈一下绩效改进的问题。

  说到绩效考核目标不合理，这一点在市场部门体现得最为明显。这种例子我也曾遇到过，之前公司的市场部门在绩效考核中的人均任务指标始终达不到要求，并不是一个人达不到指标，而是所有人都达不到指标要求。这让我十分好奇，经过了解发现，原来这一指标是根据上一年的市场情况制定的，今年由于市场环境突变，使得产品销售比上一年要困难许多。

正是这种原因导致了市场部门无法完成年初制定的任务指标，按理来说，这应该是确定绩效考核指标时产生的问题，要及时调整。但对于绩效考核部门来说，绩效考核目标是经过了严密的考量而制定的，一旦订立便不能随意更改，从而保证绩效考核制度的权威性。

但从那些被考核部门的角度来看，不合理的考核目标不仅制约着部门业务的开展，同时也会在很大程度上影响到部门员工的积极性，更不要谈提高员工的工作能力和工作绩效了。在我看来，改进绩效管理虽然看上去像是考核部门的一种"打脸"行为，但从结果上来看，这种"打脸"行为将会更好地保证绩效考核工作的正常进行，促进员工和部门工作绩效的提高，虽然痛一些，但也是十分值得的。

任何事物都是运动、变化、发展的，企业的绩效考核指标也必须因时因地地改进革新，这样才能够真正发挥出绩效考核工作的真实效果。

绩效考核标准的制定和绩效考核结果的评价固然是绩效考核工作中的重要环节，但在这两点之间的过程监督与过程辅导以及绩效改进却是绩效考核工作的细节之所在。只有抓住了这些细节，才能更好地完成绩效考核工作，从而使得绩效考核真正成为一种能够提高员工工作能力和工作绩效的制度。

37. 关键人物的考核

引文：

在制定绩效考核标准的时候，我有一个习惯：将普通员工和高层管理人员分开。对于高层管理人员，在制定绩效考核标准的时候我会相应增加一些指标要求。这倒并不是我个人的习惯，而是在制定绩效考核标准之时，对于关键人物要采取特别的考核要求。

高层管理人员可以说是企业运营发展的关键人物，公正合理地对其进行绩效评价，不仅影响着其工作积极性的发挥，同时也会影响到企业的正常运营和长远发展。高层管理人员的绩效可以从部门的运营状况上得到反映，但与对一般员工的绩效考核一样，部门或企业运营的结果并不能作为高层管理者个人工作绩效的全面反映。

所以，针对高层管理人员，制定一套独有的绩效指标考核标准是十分必要的。

随着现代企业间竞争的不断加剧，越来越多的企业开始意识到绩效管理的重要性，开始纷纷探索适合于自身的绩效管理模式。但我发现，大多数企业所采用的绩效考核方法往往集中在对于一般员工和中层员工的业绩考核上，只有很少的企业能够对高层的管理人员进行考核。即使拥有对于高层管理人员的考核标准，大多数时候也只是对一些简单指标的粗略考核。

在我看来，企业应当更加重视对于高层管理人员的考核。作为企业的掌舵者，其是否具有卓越的领导能力、是否能够及时做出正确决策、是否能够凝聚起整个企业，都决定着企业在市场竞争中的生死存亡。

企业的高层管理人员在经营管理方面是否达到相应的指标要求，关系着企业全体职工的共同利益。高层管理人员如果能够出色地完成绩效指标，将会为企业创造丰厚的利润，企业职工的福利待遇也会相应提高。而如果高层管理者没有办法完成自身的业绩指标，那么企业就会面临亏损的风险，企业职工的利益也将受到影响。

正是由于在企业中扮演着如此重要的角色，高层管理人员在企业的绩效考核体系中也应当承担更多的责任，这也就意味着相比于普通员工，高层管理人员所面临的绩效考核标准要更加严格。除了自身考核标准的严格外，高层管理人员还肩负着引导企业绩效管理方向的责任，他们不仅需要在绩效考核时做出表率，同时还需要协调各个方面的力量，保证绩效考核工作顺利圆满地完成。

所以，相比于对普通员工的绩效考核，我更加注重对于高层管理人员的绩效考核，这两种不同群体的绩效考核应当统一纳入到企业的绩效管理体系之中，不可偏废其一。与对员工的绩效考核一样，对高层管理人员的绩效考核同样能够提升高层管理人员的工作能力，促进其未来的职业发展。当然，也能够更好地实现企业的战略发展目标。

不同于对普通员工的绩效考核标准，对高层管理人员进行绩效考核时应当着重考核以下几方面内容。

一、绩效评价与企业发展战略挂钩

虽说企业的高层管理人员是企业战略目标的首要践行者，但作为个人，高层管理人员同样有自己的战略追求。在制定绩效考核标准时，应让高层管理人员将企业的发展战略同个人的追求结合在一起，通过实现企业的战略目标来获取自身追求的利益目标。所以，对高层管理人员的绩效评价指标一定要与企业的战略目标相契合，这是制定绩效考核标准的一个关键。

二、长短期评价指标相结合

无论是普通员工的绩效考核标准，还是高层管理人员的绩效考核标准，都需要将长期与短期的绩效指标相结合。虽然企业所追求的是长期利益的最大化，但短期的利益同样不可忽视，作为长期利益的基础和前提，企业短期利益的实现将会推动企业长期利益的获得。

这也就要求在对企业高层管理者进行绩效考核时，不能仅仅从短期指标来妄下结论，应当将一段时期中的长期指标与短期指标相结合，然后再综合做出绩效评定，这样才能保证绩效考核的准确性。

提到长期和短期指标，我在制定高层管理人员绩效考核标准时还会加入各种综合指标的评定。财务指标是一个重要指标，但却不是决定性指标，毕竟一个企业想要真正发展壮大并不是仅仅依靠经济实力来决定的。我会将一些非财务的指标也加入到高层管理人员的绩效考核之中，这样才能得到一个更加全面的绩效考核结果。

三、绩效考核的公正性

公正性贯穿于绩效考核工作的始终，不仅普通员工要求绩效考核的公平，高层管理人员同样需要公平的绩效考核制度。与普通员工一样，高层管理人员的工作绩效同样会受到个人工作能力和外部客观条件的影响，很多时候，高层管理人员面临的外部影响甚至要比普通员工更加严重。如果将企业比喻为一艘巨轮，在波涛汹涌的海洋之中，每一个员工都负责轮船上的一个部分，但高层管理人员要负责的是整个巨轮的航行稳定。可以说，他们需要承担更多风浪的打击。

从团队角度来考虑，企业的高层管理人员也只是团队中的一部分，虽然其在团队中发挥着重要作用，但想要完成企业发展的战略目标还是需要整个团队的共同努力。只有高层管理人员带头冲锋，却没有后继部队进行支持，也不会取得太好的效果。如果单纯从工作结果来进行评价，还可能会挫伤高层管理人员的工作积极性，影响到后续工作的开展。

经理人员综合素质考核表

考核项目	考核内容	考核得分
领导能力	率先示范，受部属信赖	5 4 3 2 1
计划性	能以长期的展望拟定计划	5 4 3 2 1
先见性	能预测未来，拟定对策	5 4 3 2 1
果断力	能当机立断	5 4 3 2 1
执行力	朝着目标果断地执行	5 4 3 2 1
交涉力	关于公司内外的交涉	5 4 3 2 1
责任感	有强烈的责任感，可信赖	5 4 3 2 1
利益感	对利益有敏锐的感觉	5 4 3 2 1
数字概念	有数字概念	5 4 3 2 1
国际意识	有国际意识、眼光广阔	5 4 3 2 1
自我启发	经常努力地自我启发、革新	5 4 3 2 1
人缘	受部属、同事尊敬、敬爱	5 4 3 2 1
协调性	与其他部门的协调联系密切	5 4 3 2 1
创造力	能将创造力应用于工作	5 4 3 2 1
情报力	对情报很敏锐，且有卓越的收集力	5 4 3 2 1
评价		

评分标准：65分以上为能力超强，60~65分为能力强，55~60分为能力较强，50~55分为能力一般，50分以下为能力差

高层管理人员依靠自身的知识、能力和工作经验，来合理调配各种资源，从而为企业的发展铺路垫砖，对企业的生存发展产生了重要影响。对高层管理人员的业绩水平进行考核，也是绩效考核的一个重点之所在，这里推荐采用科莱斯平衡记分卡。

作为一种新型的绩效管理体系，平衡记分卡从财务、客户、内部运营、学习和成长4个角度将组织的战略落实为可操作的衡量指标和目标值。作为加强企业战略执行力最为有效的战略管理工具，平衡记分卡可以建立起"实现战略制导"的绩效管理系统，从而保证企业的发展战略得到有效执行。

除了对业绩水平进行评价之外，高层管理人员的个人品质也是绩效考核的一个重点所在。与普通员工不同，高层管理人员的个人品质和经营理念对企业文化的形成起到了重要的作用，甚至会影响到全体员工的价值观念。所以，想要拥有一个具

有强大生命力和凝聚力的企业文化，就需要企业的高层管理人员具有独特的人格魅力，从而将企业员工紧紧地凝聚在一起。

除了影响企业文化的形成外，高层管理人员的个人精神品质也是企业的灵魂，更是企业发展变革的源泉所在。在企业内部，高层管理者是企业发展的核心所在；在企业外部，他们则代表着整个企业，举手投足之间展现的都是企业的风采。尤其是在现代社会的企业发展中，舆论和人心的力量有多大，不用描述大家也都心知肚明。

由此可见，一个高素质的企业管理人员对于企业的发展是至关重要的。因此，高层管理者的工作态度和个人品质也就成为了绩效考核工作中必不可少的一个环节。

虽然说了这么多对于企业关键人物的考核内容，但放眼现今商业市场，真正建立起对高层管理人员的绩效管理体系的企业并不多。随着现代社会企业竞争的日趋激烈，不少企业都在变革自身的绩效管理体系，相信这种对于高层管理人员的绩效考核也将很快成为绩效管理体系变革的重要方向，对此我充满了信心。

38. 考核结果的提取

引文：

> 每到年终统计绩效考核结果的时候，都会有不同部门员工紧张得到处打听结果。其实紧张的不仅是他们，我们这些人力资源部门负责统计绩效考核结果的人也同样紧张。在其他部门员工看来，统计考核结果也就意味着绩效考核的结束；但是对于我们来说，绩效考核结果的提取却是新一轮绩效考核的开始。岗位职责不同，对待绩效考核结果的态度自然也会有所不同。

相信每一个身背绩效考核任务的员工都会因为绩效考核的结束而松一口气，但对于人力资源部门的员工来说这却仅仅只是一个开始。所以在很多时候，绩效考核的结束并不会让他们感到欣喜。大多数负责人力资源部门的员工这时候都会显得焦躁不安、情绪不定，因为他们需要提取考核结果，进行统计和分析，这恰恰是绩效考核过程中最能考验 HR 技能水平的环节。

在最初入职时，一到绩效考核结果出来的时候，人力资源部就像炸开了锅一样，人流涌动不说，每个人都表情凝重地等待着总监的指示。有的人负责统计各部门不合格的人员，有的人负责统计各部门的优秀员工，有的人负责安排绩效奖励，有的人负责安排绩效面谈。所以，每每一到统计考核结果的时候，人力资源部就像菜市场一般热闹。

经过了20多年的时间，现在在总监的位置上面对绩效考核结果的时候，我依然感到有些紧张，并不是最初那种不知所措的紧张，而是深感责任重大，丝毫不敢马虎的紧张。绩效考核结果的统计不仅关乎着员工的薪资待遇和职位晋升，更会影响到企业的长远发展。

所以，对于人力资源部门来说，绩效考核结果的统计是一项至关重要的工作，一个企业绩效考核标准的制定往往来源于对前一阶段绩效考核结果的提取、分析。在我看来，对于提取考核结果进行系统分析，再将分析结果用于改进绩效考核体系，是一种良性的发展循环。

对于绩效考核结果分析的作用，我主要总结了以下几点内容。

一、发现工作中的问题

绩效考核并不是为了考核而考核，而是为了发现企业生产和员工工作中出现的问题，企业绩效考核的目标是改进员工的工作绩效。既然要改进，就要首先去发现问题，只有明确了问题是什么，才能够更好地对问题进行解决，从而实现绩效的改进。那么，问题从哪里来呢？在我看来，大多数问题都会在绩效考核结果之中找到。

一个公平公正的绩效考核体系，能够准确地考评出企业或员工的问题之所在，通过对考核结果的提取，我们便能够轻而易举地发现出现问题的环节。在绩效考核中发现的企业问题，可以通过改善企业环境和完善企业制度来改进，而发现的员工绩效问题则要根据具体的问题进行有区别的处理。

在处理问题之前，沟通是十分重要的，即使是在绩效考核结果中发现了员工的绩效问题，管理者也应当首先与员工进行绩效沟通。其实，这一工作早在绩效考核过程中就应当随时进行，而不应等到绩效考核结果出来之后再去进行。

根据绩效考核结果反映出的员工问题，管理者应当明辨出问题产生的原因，究竟是员工自身能力确有不足，还是客观条件限制了员工工作的开展，抑或是部分员工的工作态度存在问题。然后根据不同的问题原因，采取不同的措施进行处理，只有具体问题具体分析,才能对员工的工作表现做出正确的评价。

二、合理进行利益分配,施行赏罚举措

针对上面员工在绩效考核中的问题,不同的原因就应当受到不同的对待。对于那些努力工作但确实因为自身能力的不足,以及客观条件的限制导致工作任务无法完成的员工,让他们接受进一步的工作培训,将会比直接扣除绩效工资的效果好得多。而对于那些因为工作态度不端正而完不成工作任务的员工,直接给予一定的处罚则更容易起到立竿见影的效果。

除了奖惩措施之外,利益分配也是绩效考核结果的一个重要目的。大多数企业都将绩效考核与绩效奖金挂钩,对于绩效考核优秀的员工或部门给予丰厚的绩效奖金。同时,调整员工的薪酬也大多依据绩效考核的结果而定,表现优秀的员工理应拿到更好的薪酬待遇,这也是一种最为直接的提高员工工作积极性的方法。

一种并不好的绩效考核范例是将绩效考核与薪酬和奖金分离,也就是单纯用绩效考核标准去规范员工的行为,但却并不给予员工相应的物质或精神激励。这也使得许多企业的绩效考核工作往往流于形式,从而导致员工的生产积极性不高,并对绩效考核体系产生抵触情绪,开始畏惧、逃避,甚至是拒绝考核,从而影响到企业的正常发展。

三、员工能力鉴定

鉴定员工的工作能力可以说是绩效考核最为直观的一个结果,当然,正如前面所说,在面对考核结果时,还需要具体分析员工绩效工作产生问题的原因。在另一方面,绩效考核对于新入职员工的转正和定级也具有很好的指导作用。通过对新员工在岗期间的表现进行绩效考核,从而考查其工作绩效、工作能力和工作态度,然后根据在岗测试结束后的绩效结果为新员工的转正、定级提供依据,同时也能够更加直观地了解到新员工的个人能力特长和意志品质。

但在决定员工去留的问题时,绩效考核结果也是一个重要参考依据。我们在选购商品的时候喜欢用到"性价比"这个词,其实放在我们自己身上也是如此。员工甲的年薪是40万元,根据绩效考核的结果,平均每年他能够为公司创造400万元的利润。而员工乙的年薪是20万元,根据绩效考核结果,平均每年也可以为公司创造400万元的利润。如果只能留下一个人的话,管理者肯定会留下员工乙。

四、绩效改进和岗位调配

对绩效考核结果进行提取和分析,最根本的目的就是要找到绩效改进的方法、制定绩效改进的计划。绩效改进计划不仅仅是整个企业的绩效改进计划,更应当具体到每一名员工身上,绩效改进计划的首要目标是要提高员工的绩效工作能力,从而从整体上提高企业的工作绩效。

在制定新的绩效改进计划时,管理者应当与员工进行充分的沟通,而不能仅仅从管理者自身的角度出发,或者单纯依靠绩效考核结果反映的数据进行绩效改进计划的制定。绩效改进计划应当根据员工的实际情况和企业的发展目标来制定,这样不仅能够帮助员工在未来的一个绩效考核周期中做到更好,同时也能够保证企业发展目标的实现。

员工绩效改进计划

待改进成绩与效率:训练新进员工		
员工: 主管: 时间: 月 日		
执 行 项 目	执 行 者	执 行 时 间
1. 请教的方法 2. 观察带领训练新进员工 3. 参加人事部门举办的新进员工座谈会 4. 决定新进员工报到的适当时间 5. 参加"如何训练新进人员"研讨会 6. 读下列书籍 　(1)《干部与经理的自我发展》 　(2)《有效的沟通》 　(3)《干部与在职训练》 7. 观察主管训练新进员工 8. 与一名新进人谈话 9. 提供一份检查表给主管供训练新人之用 10. 安排专用办公室,以便训练新人 11. 安排永久性训练场所		

在这个环节中，企业的管理者一定要跳脱出"政策制定者"的思维之中，不要一味从大方向上改进绩效考核体系，而应当将关注点集中在员工身上。与员工一起制定绩效目标，共同商讨绩效考核方法，在帮助员工成长的同时促进企业的发展。

对于那些在绩效考核结果评定中不合格员工的处理，也是绩效考核分析的一个重要环节。大多数企业追求"狼性""血性"，往往采取严酷的末尾淘汰制，直接将考核成绩排在末位的员工淘汰出局。我并不赞同这种做法，其不仅过于残酷，同时对于企业人才队伍建设也存在着一定隐患。

一个新员工从招聘到完成培训，企业需要付出的成本也是相对较高的，仅仅因为绩效考核结果不理想就将员工清理出局，看上去是一种节约人才培养成本的方法，而实际上却是在浪费企业的人才培养费用。

引入竞争机制没有错，节约企业成本也没有错，单纯依靠绩效考核结果去决定员工去留却是一种错误的选择，甚至很多时候还会触犯相应的法律。反过来，如果给予绩效考核表现较差员工一次再培训的机会，通过岗位轮换，合理调配到其他岗位之上，原本绩效较差的员工很可能会触底反弹成为绩效优秀的员工。

这种方式远比直接淘汰员工要好得多，同时也更加人性化。在下面的小节中，我将就这一问题进行详细的阐述，同时也对绩效考核的内容做一个总结。

39. 处理那些不合格的人

引文：

朋友曾经跟我提到过一个十分有趣的现象，在他所在的公司，一年有四次季度考核，到年终还会有一次综合考核。考核主要以部门为单位，由部门领导根据考核标准评定不合格的人员，基本上一个部门20个人中会有1个人被评定为不合格。

一次在统计绩效考核结果时他发现，某部门之中一年四个季度的不合格人员都不相同，而更加奇怪的是在年终考核中不合格的人竟然在每次的季度考核中都获得了优秀。听完了他的描述，我没有继续询问具体的原因，但事后这件事却引发了我对另一件事情的思考。对于那些在绩效考核中不合格的人，作为管理者，我们应当如何对待？

在早期的工作经历之中，末位淘汰制是一种最为常见的处理不合格员工的绩效考核办法。根据企业的具体目标，结合各个部门工作岗位的实际情况，设定一定的绩效考核指标，依据这些指标来对员工进行考核，最后根据考核结果淘汰评分靠后的员工。

从具体的执行效果来看，这种绩效考核制度确实能够提高员工的工作积极性，在很大程度上还可以起到精简机构的作用。但在另一方面，末位淘汰制也存在着一些消极影响，除了过于残酷外，也并不符合现代企业管理思想的要求。

作为一种强势的管理制度，末位淘汰制强调对内部员工的竞争从严管理，让员工处于一种高压的环境之下，表面上的积极性实际上是内心忐忑不安的表现。在这种环境之中，也并不利于团队精神的形成，团队精神更容易表现为一种人际关系，而非工作上的协作关系。

而现代企业管理思想讲求以人为本，以尊重人性、挖掘人的内在潜能为宗旨，通过创造一种更为宽松、互信的外在环境，而充分发挥员工的主观能动性，培养员工的团队精神、责任感和创新能力。不追求短期的企业发展效果，而将眼光放在更加长远的未来。

采用末位淘汰制时一定要谨慎，在具体的实际应用过程中应当考虑企业自身是否真的具备适用这种考核制度的条件、是否建立了完备的绩效考核体系、是否拥有合理的补偿制度。对于那些发展到一定阶段，人员过剩、机构冗杂的企业来说，末位淘汰制是十分适合的。但对于那些处于初创期，或者发展到一定阶段，人员配置合理、机构设置简单的企业，就不适合推行末位淘汰制度了。

我个人并不太喜欢末位淘汰制，我觉得做什么事情都不应该一步走到尽头，所以在处理考核不合格员工方面我也不喜欢直接用淘汰的方法。这并不完全是由我的个人喜好所决定的，更多的是我这20多年工作经验的总结。

正如引文中发生在朋友公司的那个故事所描述的一样，处在末位的员工或许并不是最差的，而只是多方利益权衡的一个结果。即使是那些真正在绩效考核评定中没有达到合格标准的员工，也并不都是不好的员工。所以，在我制定绩效考核制度的时候，往往会为这些考核评定不合格的人提供一个缓冲期，让他们接受再次培训，然后重新进行评价。

在这里，与前文提到的观点一样，在对绩效考核结果进行分析时应要着重分析员工绩效成绩不合格的原因——究竟是工作态度问题，还是工作能力问题，又或者受到了客观条件的影响。只有找准了问题的原因，才能够有针对性地对不合格员工展开培训，保证培训的效果。

对于那些在工作态度方面存在问题的员工，本身便不愿意好好进行本职工作，更不会有接受培训的欲望，所以对他们进行培训往往是没有意义的。但对于工作能力有问题，以及受到客观条件影响的员工来说，进行合理化培训就显得十分有必要，不仅有益于员工的个人成长，同时也有利于企业的长远发展。

在对不合格员工做好分类之后，在培训过程中便需要安排专门的培训人员对不同岗位的员工进行培训。每个岗位所需要的知识技能并不相同，即使是同一个部门，不同的岗位对知识技能的要求也存在着不小的差异。所以，培训的第一步就要让员工重新了解自身的岗位知识和技能，找到自身应当负担的岗位职责。

当然，完全准确地确定各个岗位所需要的全部知识和技能是非常困难的，一般来说，在培训过程中，可以让部门负责人列举出至少3项各个岗位必须要具备的知识和技能。这些知识和技能要尽可能与员工的岗位存在直接联系，而不要仅仅局限在"工作认真仔细"这种空泛的说辞上。

找到了员工应具备的必要岗位知识和技能之后，还需要找到员工自身能力上存在的短板。即使不能通过培训完全弥补其工作方面的短板，也至少能够使员工自身能力的缺陷得到一定的补强。作为人力资源部门，应不及时对员工培训进度进行记录与总结，从而为后续的员工培训计划做好铺垫。

在这里，人力资源部门需要准备各式各样的表格报告，其中应包括"各部门对应岗位职业技能与知识要求""各员工个人能力评定""部门经理对于培训的建议"等内容。根据表格收集到的信息，从而正确制定员工培训计划，提高员工的绩效工作。

除了关键的岗位知识和技能培训之外，帮助员工纠正不好的工作和学习习惯也是一项十分重要的培训内容。培训的目的不仅是为了让员工能够更好地适应工作岗位，还要让员工学会自我提升，这样才能更好地应对日趋激烈的岗位竞争。

在对不合格员工进行培训时，还应当根据员工的个人真实情况适当进行转岗培训。很多时候，大多数管理者都没有意识到员工转岗培训的重要性，以至于企业损失了许多个性化人才。

与大多数管理者不同，我在统计绩效考核结果时会更加关注员工的能力特长与自身岗位的适配度，如果考核不合格的员工确实在当前岗位上存在能力短板，那么寻找一个适合他的新的岗位要比继续让其学习当前岗位的知识和技能有用得多。

在我的职业生涯中遇到过许多这样的事例。在一次年终考核之中，市场部的一个小姑娘在考核中拿到了最后一名，部门经理认为小姑娘太过内向，在语言表达能力方面有所欠缺，在面对客户时也明显表现得不够自信。正常来说，人力资源部门需要安排小姑娘接受语言表达和销售技能的培训，但在我看来，如果按照这样的安排，在下一个阶段的考核中小姑娘依然可能达不到考核的要求。

绩效考核面谈表

部门	职位	姓名	考核日期
			年 月 日
工作成功的方面			
工作中需要改善的地方			
是否需要接受一定的培训			
本人认为自己的工作在本部门和全公司中处于什么状况			
本人认为本部门工作最好、最差的是谁？全公司呢？			
对考核有什么意见			
希望从公司得到怎样的帮助			
下一步的工作和绩效的改进方向			
面谈人签名：		日　期：	
备　注：			

所以，我马上叫停了对小姑娘的培训，同时安排专人与她进行了一次面谈。我

并没有亲自参与到面谈之中,但从反馈情况了解到小姑娘也知道自己存在前面提到的问题,她本人也努力尝试过去改变,可效果却并不理想。针对这种情况,通过沟通协调,小姑娘被我安排到了客户服务岗,转岗培训一个月,在培训结束后的考核中,小姑娘的绩效指标甚至要高于其他客服岗员工。

从市场销售转到客户服务,看上去同样需要语言表达技能,但实际上却有着很大不同。小姑娘之所以在市场销售方面表现不佳,主要是因为现场反应能力较差,所以导致语言表达跟不上销售的节奏。但客户服务则不同,通过前期对客户服务知识的掌握,在后期的服务工作中就能够充分发挥出来,再加上小姑娘本就是个认真细致的人,又具有沉稳内向的性格,所以非常适合进行客户服务的工作。

可能有人认为这是一种"逃避困难"的做法,并不利于员工的成长。但在我看来,无论是作为企业的人力资源总监,还是作为企业员工的朋友,这都是一种对员工、对企业负责的做法。企业不需要培养那么多平凡的"全才",而只要员工在自己的岗位上成为"天才"就够了。员工也不需要逼迫自己变得"多才多艺","专攻术业"才能获得更好的发展。

绩效考核不合格的员工也并非一无是处,作为企业的管理者一定要明确这一点,很多时候,考核不合格的员工也是一种放错了地方的资源,重新对其加工、整理将会取得意想不到的效果。

第八章 制度、组织和企业文化

40. 法治与人治

引文：

　　可能是因为自己十分向往学生时代的青春气息，所以在公司中相比于和高管接触，我更喜欢与新进来的实习生聊天，因为岗位的特殊性，无论是哪个部门的实习生都能和我聊上几句。在曾经遇到的众多实习生之中，人力资源部的小青是给我印象最深的一个。

　　可能是由于工作岗位相同的原因，我们之间的对话也总是围绕企业的人力管理方面。当时，正值实习期的她准备了一篇关于企业管理的论文，主题是企业管理的"法治"与"人治"问题。当时就这个问题，我还专门给她写了一些自己的观点看法，现在回首自己曾经的观点，由于工作经验的增加，我在这方面的观点也发生了很大改变。

　　企业管理并不是一件简单的事情，在任何一个企业管理者眼中都是如此。不仅仅是企业管理，只要是涉及人的问题，都没有那么简单。现代企业管理究竟应当严格按照公司的制度规定来进行，还是按照人情来管理，这是每一个管理者都需要首先考虑的问题，其实这也就是法治与人治的问题。

　　如果将这个问题看作一道面试必答题的话，那么回答两者兼顾应当是最为稳妥

/第八章/
制度、组织和企业文化

的答案。事实上,在现实的企业管理之中,确实应当兼顾法治和人治。但"纸上谈兵"确实容易,真正落实到执行上,问题就没有那么简单了,对于这一点我是深有体会的。

正如实习生小青一样,早在大学阶段,企业管理的相关专业就会接触到这个问题。但当时对于这一问题的理解大多局限在理论方面,很少能够深入到实际的企业管理之中。一般来说,大多数西方企业在管理员工时都更加注重法治,而中国的许多早期企业则更加倾向于人治。

这一点是由东西方文化差异所造成的,西方国家作为法制社会,一切都以法律为依据,人情关系表现得比较弱。在企业管理之中,员工出现什么样的问题,就要根据什么样的规章制度进行处罚,即使是高级管理人员出现问题也会依据公司的制度进行处理。西方国家企业的员工更多是听命于企业的制度,而不是企业的管理者,所以出现下层员工因为工作原因与管理者据理力争的情况也是十分常见的。

而在东方文化之中,人情永远是无法绕开的束缚,中国文化更是向来秉承以人为中心。所以托人找关系,有关系好办事也就成为了约定俗成的习惯。在企业管理中也是一样,即使企业拥有明确的制度规定,但在处理具体问题时也会相应顾及人情关系。

这里并不是说东方文化中的"人治"不好,也不是强调西方文化中的"法治"要更优秀,在面对具体的问题时,具体分析实际情况是做出判断的唯一准则。所以在决定人治和法治时,首先认清自身所处的位置是十分重要的。

我所说的自身所处的位置是指企业现在处于什么样的发展阶段,这一点是非常重要的。对于一些初创的小企业来说,一上来就采取法治的方式进行管理不仅会出现制度不适应企业发展速度的问题,同时由于小企业员工人数较少,处于发展的初级阶段,员工和管理者之间更多表现为一种并肩作战的关系,一味采用法治手段还会影响到团队的稳定与和谐。

人治更适合一些初创的小企业,而当这些小企业逐渐发展壮大之后,法治就应当取代人治成为主要的企业管理手段了。大型企业由于部门复杂、员工众多,如果仅仅依靠人治来管理很难协调各方面的利益诉求。这时候,及时推出法治手段,制定公开透明的奖惩制度,从而形成一个对各个部门、所有员工都具有同等约束力的法治体系,才能保证企业规模的继续扩大和正常发展。

从哲学观点来讲,法治与人治是相互对立而又统一的,按照中国道家文化的说法，法治与人治正如太极轮盘上的阴与阳。正如阴阳调和才是最完美的状态一样，企业管理中的完美状态就是法治与人治的完美融合。法治具体表现为一种稳定的制度体系，而人治则是一种随时变化的管理方法。企业只有以法治为基础，同时实行人治相辅助，才能达到完美的管理状态。

完全的法治和完全的人治都是企业管理的误区。完全依靠法治来进行企业管理，会显得企业制度过于冰冷，使员工产生疏离感，缺少人情味。而完全依靠人治来进行企业管理，则会很容易扰乱企业正常的管理秩序，出现"人情大于事理"的现象。

作为企业管理者，除了要知道法治与人治并举外，还需要进一步了解法治与人治在实行过程中需要掌握的具体方式。这一点主要需注意三方面内容。

首先，无论是法治还是人治，都需要提前进行明示，同时要慢慢渗透入平时的管理工作中。法治的前提是拥有一个完备的法规制度体系，企业的法规制度要在员工入职时就让其清楚，同时在员工工作过程中也要不断深化员工的法规制度意识。这样可以避免在员工工作出现问题受到处理后产生抱怨心理，毕竟制度规定早已明示，丑话也已经说到了前面。

当然，在用规章制度约束员工的同时也要时刻展现人治的魅力。在企业管理过程中要注意培养员工的企业文化意识，增强员工对企业的归属感。不要等待冷冰冰的法规制度影响到员工的工作积极性之后再去想补救措施，那样就为时过晚了。

其次，在实行法治的过程中，一定要注重对企业规章制度的完善。由于企业规模的扩大以及市场环境的改变，企业规章制度也应当随时进行改变，这样才能保证规章制度更好地发挥应有的作用。而无论规章制度如何完善，在法治过程中，最为重要的一点就是要做到人性化，规章制度是准则基础，十分重要，但却不能缺少人性化的规定，再完善的规章制度如果不尊重员工的人格，强行压榨员工工作价值，也是不可取的。

人治是一种充满人性化的管理手段，但相对于法治又容易出现缺乏公平性的现象。缺乏公平性的人治要远比缺少人性化的法治对企业发展的危害更大，如果管理者完全从自身喜好出发，对员工厚此薄彼，就会很容易引起员工心理上的不适，从而对企业凝聚力造成不好的影响。公平性讲求赏罚分明、按劳分配，在这个过程中，法治将会起到重要的作用。

最后，在按照规章制度对出现问题的员工进行处理之后，一定要用人治的手段对员工进行安抚。法治更多的是依靠规章制度让员工"口服",只有适当的人治才能让员工"心服"。在处罚员工的同时注意言辞和手法,用更加容易让人接受的方式处理员工所犯的错误,从而减少员工的不满情绪。

员工奖惩登记表

员工编号	姓　名	奖惩事项及文号	统　　计			

这里所说的是法治之后再辅以人情,也就是说出问题的员工该处理就要处理,犯小错误的小惩为戒,犯大错误的惩罚的程度就要加重,如果面对那种屡教不改,犯了无法饶恕的错误的员工,那就应当依据制度规定该辞退就辞退,也就不必顾忌双方的面子问题了。

在企业管理之中,法治与人治是相辅相成、缺一不可的。任何一个企业都要用铁一般的规章制度体系来保障企业正常的运行秩序。同时,每一个企业也都要有棉一样的人情关怀,这样才能够让员工感受到企业的温暖和工作的乐趣。合理运用法治与人治两种不同的管理手段,是企业营造良好环境氛围的关键,也是现代企业竞争的一个重要因素。

41. 授权

引文：

  美国企业家查雪尔增经说过："授权，是一个事业的成功之途。它使每个人都能感受到受重视、被信任，进而使他们有责任心、有参与感，这样，整个团体同心合作，人人都能发挥所长，组织也才有新鲜的活力，事业方能蒸蒸日上。"

  多年的管理经验让我对这句话感同身受并始终践行，作为企业管理中的一个重要方法，授权，尤其是合理授权，可以极大地提高企业运作的效率，促进企业的长远发展。

  从概念上来讲，授权是组织运作的关键，它主要以人为对象，将完成某项工作所必须的权力授给部署人员。也就是说，主管领导将处理用人、做事、协调等决策的权力交给下属。企业组织中有不同的层级，不同的层级拥有不同的职权，由于权限在不同层级间流动，因此而产生了授权问题。

  随着市场经济的发展，企业的分工也变得越来越细致，同时企业管理也变得越来越复杂。正是在这种情况下，授权的作用显得越来越重要。作为现代企业运作的关键，授权也是领导力提升的一个重要环节。一个知人善任的领导可以做到合理授权，除了能够调动员工的主观能动性之外，也能够让自己从繁重的日常事务中抽身出来，从而站在企业长远发展的角度去看待问题。

  企业在授权管理体系构建时要落脚于责任。在授权管理体系之中的每一项业务的每一个节点，都是一项责任的分配和行使，同时也是企业之中每一位员工参与决策的机会。不论员工处于何种管理层级，都可以因为授权管理体系而感受到企业的归属感和成就感。

  如果缺少授权管理体系，中层管理人员和基层员工就容易被看作是按照指令在行事，不必肩负责任，也不具有决策权。久而久之，员工就像提线木偶一般工作，渐渐失去了工作的热情和冲劲，也失去了继续学习进步的机会。

授权作为一种权力下放的过程，是赋予员工权力并使其承担责任的一种行为。作为权力下放的一个重要方面，授权从本质上来讲是释放员工工作潜能、提高工作绩效的一个重要方式。有效的授权行为能够让员工获得更加明确的目标指导，从而更快、更好地完成手中的工作，最终达成企业发展的目标。

在进行授权之前，想要取得良好的效果，就要首先找准与授权相关的三个方面内容。

一、授权对象的选定

这是管理者需要首先考虑的问题，也是授权能否取得良好效果的关键。在决定授权对象之前，管理者需要考虑诸多方面的因素。除了对于员工的个人素质、职业技能进行考量之外，管理者还需要对授权对象的工作效率和压力承受能力等综合能力进行考量。

当然，员工自身是否愿意接受上级授予的权力，也是管理者需要考虑的问题，如果下属不想接受授权，领导就要另行选择愿意接受授权的合适人员，而不能强行授权。

在授权对象的选定方面，管理者不能因为一时间没有合适的授权对象而将所有工作都揽于一身。随着现代企业间竞争的不断加剧，信息的传递效率和决策的执行效率成为了企业竞争的关键。如果管理者将全部工作都包揽到自己身上，就容易出现信息传递不畅通或者决策执行不及时的现象，从而影响到企业发展目标的实现。

管理者在选择授权对象时要快速决策，在分析员工的整体水平之后可以采用逐渐授权的方法来推动业务工作的进行，以免因为思考授权对象的选择而使得企业发展的机会白白流失。

授权委托书

致：×××有限公司

兹授权我公司_____（职务：_____，身份证号：_____）作为我公司的委托代理人，以我公司名义并代表我公司处理_____事宜，代理权限如下：

1. _____
2. _____
3. _____

授权期限：自___年___月___日起至___年___月___日止。

上述授权范围和授权期限内，委托代理人所实施的行为具有法律效力，本公司予以认可并承担相应的法律后果。此授权委托书传真件无效。

委托代理人无转委托权。

特此授权。

委托代理人（签字）

公司（盖章）：
年 月 日

附：1. 委托代理人身份证复印件一份；
  2. 公司营业执照复件印一份；
  3. 公司组织机构代码证复印件一份；
  4. 法定代表人身份证明一份。

二、授权内容的确定

授权是管理者领导智慧的表现，在进行授权时，管理者不仅需要在众多员工中选出最为合适的人选，同时还需要明确授权的内容范围。哪些权力是可以下放的，哪些权力是不能下放的，这是管理者需要根据不同工作任务的具体情况来确定的，

第八章
制度、组织和企业文化

不能一概而论，盲目进行权力下放。

一些重大事务的决策权、关键部门的人事任免权，以及直属下属的奖惩权都是不能轻易授出的。对于那些分散管理者个人精力，但却又对企业发展大局影响不大的工作的决策权可以根据实际情况进行下放。一些临时的工作权力也可以授予下属来执行，但要分清权力的轻重与大小。

授权内容从大的角度上看要考虑整个集团的发展战略，满足整个集团的发展要求，授权的内容要从企业战略的角度出发，将授权内容划分为常规性的工作和重大决策工作。根据不同的授权内容选择不同的授权人员，这样才能更好地实现企业人力资源的优化配置，更好地实现企业的战略发展目标。

三、授权方法的选取

再优秀的管理者也没有办法一个人完成企业发展的所有目标，企业发展目标的实现需要不同部门、众多员工的共同配合。管理者只有将企业发展的总目标分解为一个个细化的具体目标，然后将这些具体目标下分给具体部门的负责人，同时还需要将相应的权力授予给他们。这样，不同部门的负责人各拥有一定的权力，也承担着一定的责任，在共同努力下才能完成企业发展的总目标。

在众多授权方法之中，充分授权给予员工的发挥空间最大。在充分授权之中，管理者允许授权员工决定行动方案，同时将达成目标所需要的人力、资金、物料等支配权全部交给授权员工。在整个任务进程中，授权员工需要主动创造条件，完成工作任务，在极大发挥员工工作的积极性和主动性的同时，也能最大化减轻管理者的工作负担。

与充分授权相对应的授权方法是不充分授权，不充分授权是指对于一些无法充分授权的工作，管理者将部分权力和责任授予下层员工。授权员工应当根据领导的指示利用自身权限，在对工作任务进行了深入研究之后提出一个切实可行的工作计划，交由领导审批。当工作计划通过审批之后，管理者会将计划中所涉及的其他权力再授予给员工。

相较于充分授权，不充分授权并不能让管理者从工作任务中完全抽身出来。但另一方面，不充分授权却可以让管理者对工作完成的过程进行监督，在工作方案执行之前给出自己的审核意见，从而保证授权工作的高效完成。

另外，在授权时，管理者还可以将不同的权力授予不同的员工，而这些拥有不同权力的员工将会共同完成一项工作目标。这样这些被授权的员工之间就会形成一种相互制约的关系，从而使得他们在工作中必须要通过相互配合来完成任务，也能够更好地形成工作上的互补，从而有效避免因为疏忽大意而导致工作目标无法完成。

如果在选择授权员工时，管理者没有办法在短时间内全面了解下级成员的个人品质与工作能力，授权工作却又迫在眉睫，管理者便可以采用一种循序渐进的授权方式，首先并不直接进行授权，而是让目标员工进行一段时间的授权工作代理。随着工作进程的推进，根据目标员工的表现，管理者可以将相应的权力和责任授予给员工。相比于其他授权方法，这种授权方法在执行中更加稳妥，但如果执行不好，也容易出现权责脱节的问题。

在战争年代，毛泽东在给前线将领的电报中总是写着"请酌办""望见复""请按实情决定""望机断行之"。在淮海战役期间，毛泽东更是电告总前委："情况紧急时机，一切由刘邓临时处置，不要请示。"

正是这种敢于授权的用人方法，让中国共产党在数次战役中获得了胜利，同时也培育出了众多优秀的军事将领和政治人才。商场如战场，这句话放在这里依然适用，授权不仅是完善企业治理结构、强化部门管理的重要举措，也是进行集中决策、提高企业运营效率的必要条件，对于企业的生存和发展具有至关重要的作用。

42. 贯彻执行力

引文：

在一次例行会议上，领导点名批评了市场部门的一个团队，原因是原定的工作任务没有及时完成。这个团队我之前有所接触，在进行绩效考核的时候也有所关注，以往来说完不成工作任务的情况并不多见，这一次不知道为什么会出现这样的情况。

会议之后，我拿到了该团队的市场营销方案。从内容上看，方案全面细致并没有问题。但为什么会没有完成工作任务呢？在与该团队负责人沟通之后我发现了其中的原因。问题出在了执行力方面，作为企业管理中的一个重要方面，在这一小节之中，我想谈一谈企业如何提高决策的执行力问题。

从企业管理理论来看,执行力是指人们贯彻战略意图完成预定目标的一种操作能力。很多时候执行力影响着企业决策的落地,企业在进行一项工作时能否成功,优秀的方案只占10%,而剩下的90%则都取决于对方案的执行能力。因此,如何提高执行力、贯彻执行力成为了企业发展的一个重要问题,也是企业管理中需要着重解决的问题。

同一个方案交给两个人去执行,取得的结果一定是不同的。即使两个人都成功完成了方案中的任务,在具体的结果上也会有所不同。同样一个方案都要求销售人员在1个月内营销到5个客户,甲和乙都完成了任务要求,但甲只是按照要求售出了5套产品,乙却在售出5套产品的同时与客户建立了深厚的联系,为后续的销售工作打下了坚实基础。

这样看来甲和乙都完成了工作任务,但显然乙的工作效果更好。为什么会产生这种结果呢?问题就出在执行力上面,甲只是按照工作的要求完成了规定任务,乙却在进行工作时付出了更多的努力,在执行力方面乙要远胜于甲。如果要求每人每月完成6项工作任务,那么甲只会完成6项,而乙则可能完成7项、8项甚至更多。

执行力作为一个变量,使得不同的执行者在执行同一件事情的时候会得到不同的结果。那些执行力强的员工自然是企业所追求的,但相较于执行力强的员工,大多数企业员工在执行力方面有着明显的不足,这也是在企业管理中要求提高执行力的原因。

在划分上,执行力可以分为个人执行力和团队执行力。个人执行力正如上面的故事中所提到的,是指每一个单个的人把领导的指令或想法转变成行动,最终圆满完成工作任务的能力。个人执行力主要指一个人获得相应结果的行动能力,在企业之中,不同岗位的员工在个人执行力方面的表现也有所不同。

对于企业的领导者来说,其个人执行力主要表现为企业发展的战略决策能力,企业能否始终按照既定的航向航行,是企业领导者个人执行力的表现。而企业高层管理人员的个人执行力则主要表现在对于部门或组织的有效管控上,企业中各部门能够有效运作是企业高层管理人员个人执行力的体现。中下层员工的个人执行力则主要表现在对于特定工作指标的完成情况,绩效考核评价可以作为评定员工个人执行力的一个标准。

团队执行力在表现形式上则更加复杂,其并不是团队中各成员执行能力的简单相加,而是一种合理有效的相互配合。团队执行力是指整个团队将战略决策持续不断地转化为结果的满意度和精确度,在具体表现形式上,主要以团队的业务能力、竞争水平和凝聚力为主。

如果说个人的执行力取决于个人的工作能力的话,那么团队执行力则是将战略和决策转化为最终结果的一种能力。从企业的领导者到下层员工,每一个人都是团队执行力的贡献者,每一个人都是其中的必要一环。

无论是个人执行力还是团队执行力都是企业必不可少的能力,因此,如何提高执行力也就成为了企业管理者必须思考的问题。对于这个问题,我曾经进行过仔细研究,正是针对前面引文之中所提到的事情。

从市场部提供的方案来看,各个环节的内容都清楚明白,时间节点也进行了细致划分,可为什么在规定时间内没有完成工作任务呢?经过仔细分析后我发现问题出在了执行力方面,不仅是团队员工个人在执行力方面存在问题,整个团队的执行力也存在着一些问题,正是这些问题的积累导致工作任务无法按时完成。

首先在个人方面,方案规定了个人的工作任务,这使得部分员工只顾着"自扫门前雪"。由于员工能力存在差异,能力不足的员工工作完成的进度就相对较慢,导致后续整体的工作进度都受到影响。如果每个员工都能够从整体上去看待工作内容,适当延伸自身的工作范围,这样便能够将整个工作链条衔接起来,避免出现工作脱节的现象。

其次,在团队执行力方面,上级领导下达的指令并不能被所有员工所理解、记忆,同时上级领导并没有将整个团队统筹在一起,这就导致大多数员工对自己的工作认识不清,更没有考虑到前后衔接的问题,这样便导致了重复工作问题的产生。同时员工与员工之间相互分离,使得整个工作链条没有串联起来,无法形成团队合作的效果。

上面提到的只是工作执行不力的几个主要原因,其他原因还包括工作执行安排不匹配、工作执行方法缺失、企业绩效制度不完善等原因。找到了企业自身执行力不足的原因,才能够对症下药,提高企业的执行能力。

执行力并不是单一的一种能力,而是一个人综合素质的体现,简单来说就是我们完成工作以及贯彻规章制度的力度。与其说是一种能力,不如说是一种意愿和态度,所以,想要提高员工的执行力、增强办事能力,首先要做的是解决他们的态度问题。

作为企业管理者,首先要强化员工的执行意识,也就是要在决策制定之后形成一种执行力高于一切的理念。想要做到这一点,就要不断完善企业的各项规章制度。只有制度完善了,才能让员工在工作执行的过程中更有方向。

在完善管理制度方面,一是要树立起严格的目标责任制度,二是要建立起严格的监督检查制度,三是要建立起严格的奖惩激励制度。目标责任制度强调对于每一项工作任务都要确定具体人员、完成质量和完成时间,从而保证每一个细节都能够紧密相连、环环相扣,最终保证整个工作任务的顺利完成。

有了目标责任制度还不够,如果没有一个严格的监督检查制度,目标责任制度也会形同虚设。在进行监督检查时一定要严格按照制度进行,不能因为人情关系而扰乱制度的执行。对于提高整体的团队执行力,监督检查制度也是必不可少的。

建立奖惩激励制度也是提高执行力的一项重要举措,通过奖励执行力高的员工、惩罚不执行的员工,从而形成一种示范效应,让更多的员工认识到执行力的重要性,并将提高执行力作为自身长远发展的一个目标追求。当然,在建立奖惩激励制度时也要注意平衡各方意见,做到不偏不倚,以法治为基础,尽量减少其中的人为因素。

职员统一薪金等级表

等别	职位	起薪	级差	工资级别											等差	每年薪金平均值
				1	2	3	4	5	6	7	8	9	10	11	12		
1	雇员/实习员																
2	助理/秘书																
3	主管																
4	技术员/工程师																
5	部门主管																
6	部门经理																
7	总经理																

一个企业能否取得长远发展,除了战略目标是否正确外,执行是否到位也是一个重要因素。空有一个远大的战略目标和行动方案,却没有人能够去贯彻执行,这样的企业是没有办法成功的。只有同时拥有正确的战略方向和强大的执行力,才能使企业在激烈的市场竞争中始终按照自己的步调破浪前行。

43. 梳理流程

引文：

  当谈到企业流程管理这个问题时，我总会想起那个很早就接触并被我铭记于心的"和尚分粥"的故事。每一次有新人向我咨询这方面的问题时，我都会为他们讲述一遍这个故事，即使有的人已经听过了很多遍，我依然认为他们可以从中获得宝贵的知识和经验。

  这个故事说的是在很久之前，寺庙中住着七个和尚，他们每天都需要分一桶粥。但对于他们来说，这桶粥却每天都不够分，于是他们决定采取不同的方法分粥。

  最开始他们通过抓阄来决定分粥的人，一周七天每天一个人，看上去这种方法十分公平，但几周过后，他们发现这样的分粥方式让他们只有一天能够吃饱，这一天就是他们自己分粥的时候，因为每个人都会多给自己分一点。

  这种方法不行之后，他们决定换一种方法，这七个和尚决定寻找一个道德高尚的人来为他们分粥。看上去这种方法要比第一种公平得多，但随着时间的推移，矛盾便又出现了。为了能够多分到一点粥，七个和尚纷纷去讨好分粥的人，久而久之，整个寺庙就乱作一团，分粥的公平问题就又一次出现了。

  前面的方法不行，就要继续寻找新的方法，这一次他们决定分成两个团队，一个团队进行分粥工作，一个团队进行评定。前几天分粥工作进行得还算顺利，但一周过后，两个团队便开始互相指责，以至于每次分粥都需要好长时间，虽然粥分得越来越均匀了，但吃到嘴里时已经成了凉的。

  这个方法依然没有解决分粥的问题，和尚们百思不得其解。最后，寺庙的方丈向他们传授了一种新的方法。他提出了一个分粥的规则，要求每个和尚轮流分粥，但是分粥的和尚要等其他人都挑选完后选择最后剩下的一碗粥。这样一来为了能够不让自己分到最少的那碗粥，每个分粥的和尚都尽量均匀地进行分配，就这样，分粥的问题顺利得到了解决。

  相较于前面几种方法，为什么方丈的分粥方法能够成功呢？我每次讲完故事，都会提到这个问题，第一次听到这个故事的人很少能够回答准确这个问题。但如果

第八章
制度、组织和企业文化

在人力资源岗位上工作多年,拥有了一定的经验积累之后,这个故事反映出的问题就很清楚明白了。

和尚们出于对自身利益的考虑,都想要为自己多分一点粥,而方丈的方法从根本上避免了和尚们出于自私而导致的分粥不均的行为。通过制定一定的规则,使得和尚们必须均匀分粥才能保障自身的利益。在这个过程中就涉及了一个企业管理中的重要概念——流程管理,方丈正是通过它来规范了和尚们的分粥行为,从而解决了分粥不均的问题。

从具体概念来讲,企业的流程管理主要是对企业内部改革,通过改变企业在职能管理方面存在的中间层次多、流程不闭环等问题,使每个流程可以从头到尾由一个职能机构来管理,这样可以保证机构不重叠,从而达到缩短流程周期和节约运营成本的作用。

流程管理是为了提高顾客满意度和企业的市场竞争能力,从而最终达到提高企业工作绩效的目的。流程管理是企业运作的基础,无论哪种行业、哪种企业,在开展工作之前首先需要考虑的就是流程的问题。先进行什么工作,再进行什么工作,该进行什么工作,不该进行什么工作,这些问题都可以通过流程管理来解决。只有解决了这些问题,才能够保障企业平稳有序地发展。

我们在前面的小节中提到了授权和执行力的问题,如果将这些概念和流程联系在一起的话,授权和执行力更多像是一条锁链上的不同节点,而流程则是连接这些节点的链条。在企业管理中,无论是节点还是链条都是不可或缺的。而相较之下,流程所起到的作用要更为基础,也更加显著。

从具体分类上来说,企业的流程按照功能来划分,可以分为业务流程和管理流程两大类别。业务流程主要是指面向客户直接产生价值增值的一种流程,而管理流程的内容则更为丰富,是指为了控制风险、降低成本、提高服务质量、工作效率和反应速度,从而提高顾客满意度和企业竞争力,追求利润最大化和工作绩效提高的一种流程。无论是业务流程还是管理流程都应该以企业的发展目标为根本依据。

在我看来,对于企业的流程管理可以分为四个层级,分别是组织架构、岗位设置、职责划分和具体工作。这四个方面的内容环环相扣、联系紧密,共同构成了企业的流程管理体系。

在组织架构之中,最为重要的一点就是要找到一个能够站在企业全局角度进行流程管理的机构,管理者并不需要为此而单独设立一个流程管理机构,重要的是将流程管理的职权真正落实到一个部门之中。这样才能使企业的流程管理拥有一个中枢部门，从而更好地贯彻执行流程管理的职能。

这里所说的流程管理机构并不是为了设计具体的流程而存在的，它的作用更多地表现在实现管理体系的整合与规范化上。它主要负责建立统一的流程描述规范，设计统一的流程管理架构，对流程和制度进行统一发布，以及对流程的执行情况进行实时监督。

流程管理部门在开展流程工作时，要经常与某一流程所涉及的相关管理人员进行沟通，共同解决流程执行过程中可能出现的问题。在各方都就流程达成一致意见之后，流程管理部门再统一向各个部门和人员发布流程，同时进行流程执行情况的监督。

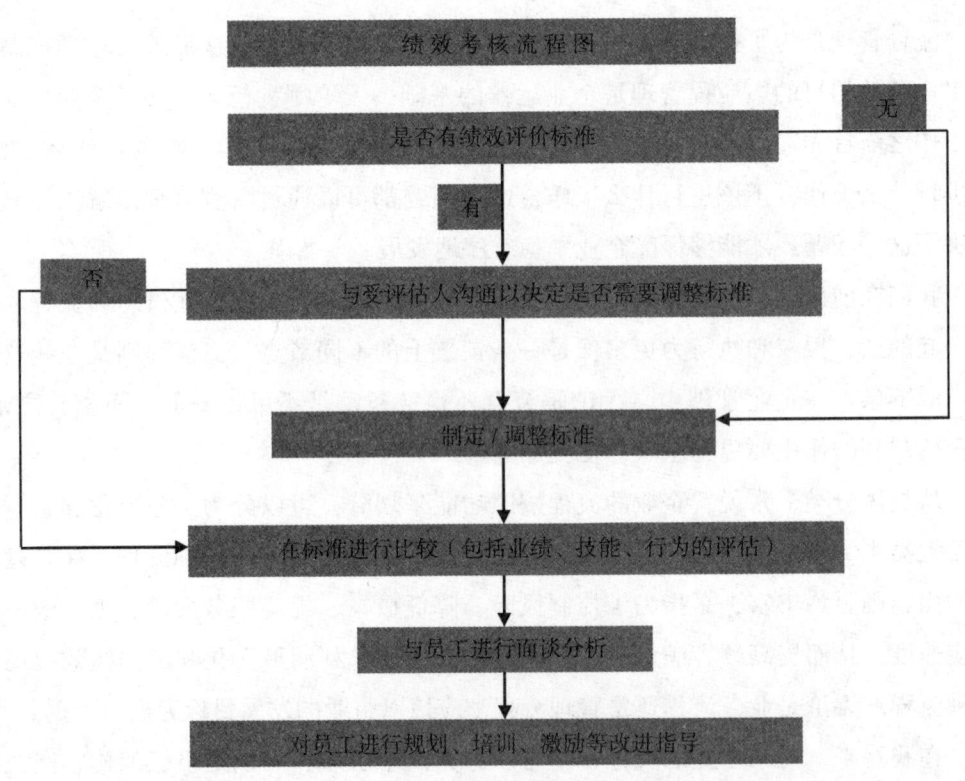

在企业发展战略确定之后，管理者就需要对战略目标进行分解，同时对相应的工作任务进行了分配。目标分解的直接结果就是产生相应的组织架构，而工作任务的分配则会产生相应的岗位设置，根据不同的岗位设置则会产生相应的职责划分和

具体工作。将企业的战略目标分解到各个部门，将工作任务分配到各个岗位，各个岗位再相互配合完成工作，这就是流程，企业的发展战略就是通过流程这样一点一点逐层实现的。

所以，在梳理企业流程的时候，企业战略目标应当是首要关注点。企业的流程能否顺利进行、能否起到应有的效果，与流程体系是否紧随企业战略目标有着重要关系。一旦流程脱离企业发展战略，这一流程就会失去应有的效果。一旦流程偏离企业的战略目标，这一流程的效果就将大大减弱。高效的流程往往都是紧扣企业战略目标的流程。

梳理流程是企业变革管理方式的一种重要手段，通过梳理流程可以大幅缩短流程周期、降低运营成本，同时也可以提高企业的工作绩效、改善工作质量。通过梳理企业流程来达到优化企业流程的目的，可以实现职能的统一、合并与转换，使得企业管理者可以更好地把控企业运营的各个环节，同时也能让企业的管理更加标准化和程序化。

44. 贯彻企业文化

引文：

在我最初从事人力资源工作那几年，部门领导十分热衷于让新人编制企业文化宣传手册。不仅内容要求精致，而且要朗朗上口，越容易让人记住越好。那段时期对我来说是一种煎熬，一方面是不理解这种工作的意义所在，另一方面是我个人比较反对这种表面化的工作。

现在作为管理者，虽然我的个人性格依然没有改变，但对编制企业文化小册子这件事的看法却发生了很大转变，或者不是说转变，可能是见得多了之后，对这件事认识得更深刻了。

作为企业发展壮大的重要因素，企业文化建设越来越受到管理者的认可与推崇。在现今这样以"一个故事"就能收割大批流量的社会现实之下，企业文化建设的价值进一步凸显了出来。

企业文化是一个企业向前发展的精神力量，也是其在激烈竞争中生存下来的重要根基。同时，企业文化更是一个企业在发展过程中不断积累、发掘出来的精神财富，是企业员工共同努力的结果。

企业文化具有强大的凝聚作用，通过长效的激励机制可以持续激发员工的积极性和创造精神，同时还能够有效地促进员工之间的相互沟通，对员工行为产生一定约束，对外还能够起到塑造企业形象、提高品牌价值的作用。

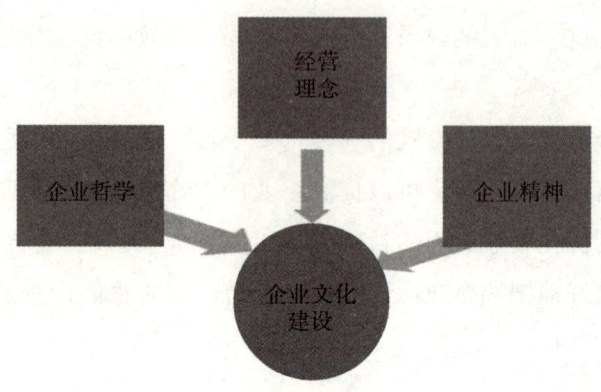

从构成上来看，企业文化可以分为企业哲学、经营理念和企业精神。企业哲学更多表现为企业的价值观体系，是一种观念意识，从总体上规范着企业的经营宗旨和行为。而经营理念更多的则表现为企业的指导思想，这种指导思想可以以文字化的形式呈现出来，形成企业的纲领性文件。企业精神是一种无形的力量，正如个人精神一样，主要形成于企业的生产过程中，包括团队协作精神、创新精神、诚信精神等等具体内容。

在现代企业管理理论之中，企业文化的构建已经成为企业核心竞争力的表现。如何构建强大的企业文化，推动企业文化管理，已经成为越来越多管理者关注的焦点。在现代管理理论之中，企业文化建设要坚持以人为本的管理理念。

企业文化的核心内涵就是企业的价值观，企业通过一系列活动去主动塑造企业的文化形态，但这种文化被建立起来之后便会形成塑造内部员工行为和关系的规范，是企业内部所有人都需要共同遵循的价值观，对于维系企业的稳定具有很大作用。

从物质层面上看，企业文化是指那些看得见、摸得着的文化形象。正如前面我所提到的企业文化小册子一样，其他还包括企业的形象标识、员工的工作服装、企业的宣传标语以及与产品相关的涉及企业信息的内容。物质层面的企业文化是形成更高层次企业文化的基础，同时也是企业文化形成的最初条件，能够让人更清楚地看到企业的经营思想和审美情趣。

在最初接触企业文化构建的工作时，我对物质层面的企业文化并没有特别关注。但随着工作经验的增加，我发现这些最基础的物质文化层面的内容对于企业文化的构建也同样是意义非凡的。

如果把企业文化的构建比喻成雕刻一件精美的艺术品的话，那么物质层面的企业文化构建就是寻找"原石"的工作。最初的"原石"既丑陋又缺乏灵气，毫不起眼，但它却是雕刻精美艺术品的起点。没有这块"原石"，再精美的艺术品也无法诞生。

在物质层面的企业文化之上，则是制度层面的企业文化，这种企业文化规定了企业员工在工作活动中必须要遵守的规章制度和行为准则，具体表现为企业的组织架构、规范条例、人际交往关系等内容。

当管理者想要传播某种企业文化时，最好的方法就是通过订立制度。对于大多数员工来说，理解企业制度要远比理解企业员工简单得多。企业管理者通过将企业文化融入到制度之中，从而让员工在遵守制度、理解制度的同时逐渐接受企业文化，加速对企业文化的认同过程。

更进一步，在制度层面的企业文化之上的是精神层面的企业文化，这也是最为深刻的企业文化，具体包括理想信念、道德规范、价值准则等内容，是在长期的企业生产和经营活动中形成的，同时也是企业文化的核心与灵魂所在，决定着企业的生存及发展。

作为一个企业管理者，了解企业文化的内涵和分类很重要，但比这些工作更重要的是学会如何去贯彻企业文化。正如在前面小节中讲到的贯彻执行力一样，企业文化如果始终浮在半空中而不深入到每个员工心中是不会发挥真正价值的。所以，相比于了解企业文化，贯彻企业文化的意义要更为深远一些。

在我看来，贯彻落实企业文化可以从以下几个环节出发。

一、端正员工政治思想

企业文化建设需要思想政治工作进行配合，所以管理者想要建设企业文化，就需要将企业的思想政治工作放在首位。思想政治工作可以对企业文化建设产生正确的引导作用，端正员工的思想，对员工进行正确的思想教育，帮助员工摒弃低级的、错误的人生观和价值观。

只有当员工的思想政治意识得到了提高，才能真正将企业文化与自身发展联系起来，将企业的价值观和个人价值观相结合，从而自觉融入到企业文化建设之中，达到与企业"同甘共苦"的境界。

二、树立管理者的领导作用

作为管理者，如果自身不能将思想意识和价值观念与企业的发展目标及价值观念相融合，就没有办法去要求员工认真践行企业文化。所以，贯彻企业文化就需要企业管理者从思想上、习惯上和行为上都表现出对于企业文化的认同与践行，从而逐渐影响到企业的高级管理人员和企业的中下层员工。

正如前面所说，企业文化的建设并不是几次讨论、几个方案就可以确定的，也不是通过某个人、某群人就能够轻易构建完成的。所以，无论是企业管理者还是下层员工，在这个过程中都应当发挥自己应有的作用。企业管理者应当用自己的人格魅力和行事风格来影响员工，通过企业管理者的示范作用让员工逐渐认可企业的文化和价值观，形成一种自发行动的力量。

三、建立完善的薪酬体系

企业文化建设坚持以人为本，这就要求企业在进行文化建设时应当体现出以员工为本的管理理念。企业员工所需要的是物质需求的满足以及个人能力的成长，所以完善的薪酬和晋升体系是员工认同并接受企业文化的一个关键因素。

清晰、稳定的薪酬体系可以让员工在工作时感到安全感和归属感，从而促进员工工作效率的提高。而当员工在当前阶段的个人需求得到满足之后，他们便会继续按照薪酬体系的规定向着下一个阶段努力，薪酬激励体系成为一种有效的激励体系，使得员工不断提升自身能力水平，在客观上推动企业向前发展。

四、搭建严格的制度规范

除了相应的薪酬奖励制度之外，适当的规章制度规范也是必不可少的。"无规矩不成方圆"，企业的制度化管理具有一种强制的约束力，正如前面所说，这种制度规范可以让员工在特定的条件下形成一种在工作、生活方面的良好习惯，也能促使企业制度管理不断完善、企业发展越发稳定。

在贯彻企业文化的过程中，单纯依靠企业理念去引导员工，或者单纯依靠薪酬制度去激励员工的做法都是远远不够的。只有建立一整套规范的法规管理制度，将企业文化融入其中，告诉员工什么是企业文化所鼓励的，什么是企业文化所反对的，这样员工才能知道什么是能做的，而什么是不能做的。从而在遵循制度的过程中逐渐理解和认可企业文化。

五、长期稳定的建设步调

企业文化的建设是一项长期积累的工作，这就需要企业管理者能够在企业发展的最初时便将企业文化建设作为一项企业的核心工作来开展，同时还需要对企业文化建设保持长期稳定的关注与支持。

企业文化建设既不能追求一步到位，也不能断断续续缺乏连贯性。企业管理者应当根据企业发展的节奏来随时丰富企业文化的内容，同时不断贯彻落实企业文化，保持一种持续稳定的发展态势。

企业文化建设是企业持续发展的根本所在，必须要时刻结合企业自身的发展情况及时进行调整与优化，同时要严格将企业文化贯彻落实。只有落到实处，企业文化才能够生根发芽，不断生长下去。

第九章　离职管理

45. 离职预警

引文：

　　忘记了是在哪个媒体上曾经看到过这样一篇报道，内容是一个科技公司的骨干带领手下员工集体离职，而后遭到该科技公司领导的报复。在大多数人看来，这只是一件普普通通的社会事件，但在作为人力资源行业从业者的我来说，这却是一件必须要重视的事情。

　　如果这件事情发生在我所在的公司会怎么样？报复员工倒是不至于，公司承受巨大的损失却是一定的。那么，员工集体离职的责任在谁呢？毫无疑问是在人力资源部门。

员工离职是一件十分常见的事情，但在一家具有一定规模同时又制度完备的企业出现员工同一时间集体离职的事情就不常见了。其实，无论是单个员工离职，还是员工集体离职，对于企业都会产生一定的影响，虽然在程度上会有所不同，但如果仔细分析会发现，这些情况发生的原因是大体相同的。

有一句流传很广的说法认为员工离职主要有两个原因，一是公司钱没给够，二是心凉了。据传，这句话是出自马云先生之口，先不论是谁说了这句话，仅从内容上来看，其表述似乎存在一定的道理。虽然在表达上可能有些直白，但却已经将员工离职的原因概括得足够全面。

作为人力资源管理者，在企业的离职管理中，员工离职原因分析是一个十分重要的环节。在本行业以外的人眼中，分析员工离职原因更像是一种无用功，虽说是亡羊补牢，但一个核心技术人员走了想要填补这个空缺，"亡羊补牢"的做法显然是不行的。

这样想也并非没有道理，但在企业离职管理之中，员工离职分析更多的是为企业搭建离职预警机制而服务的，优秀员工已经离开，为了留住其他优秀员工，离职预警机制就显得十分必要了。应在员工出现离职想法之时及时加以辅导，从而留住更多员工。

离职预警机制的建立首先需要把握好其中的三个环节，除了分析员工离职的原因外，还包括评估员工离职的后果，以及给出针对性的解决方案。

一、明确员工离职的原因

一般情况下，员工主动离职的动机有两种，一种是出于理性的考虑，综合考虑了各方面因素，去意已决。而另一种则属于冲动型，是因为遇到了一定的困难和压力，内心感到不顺，所以选择用离职的方式来宣泄这种情绪。对于管理者来说，无论员工离职的原因是在自己还是在企业，明确员工的离职动机是企业展开后续工作的一个基础。

在这里，人力资源部门的负责人要认真倾听员工的诉说，对于员工的离职理由进行认真的总结。如果员工并不愿意主动倾诉自己的离职理由，HR还可以根据员工周边最近发生的事件进行适当的询问，从而在获取更多细节的同时更好地掌握员工离职的信息。

在掌握了员工离职的动机外，HR还需要根据离职员工在离职前的工作表现和人际交往来对员工的离职事件进行总结和复盘。员工离职的原因往往是复杂的，但HR要学会从这些复杂的原因之中寻找到一些共性的因素，从而对员工离职的普遍原因进行概括分析。

如果在一段时期同一部门的员工出现大量离职，那么HR就有必要对这一部门的工作环境和可能出现的问题加以调查分析了。面对这种情况，问题往往出现在部门的体制和部门领导的行事风格上，如果不及时发现并找到其中的问题，员工离职现象可能还会愈演愈烈。

明确员工的离职原因，并加以分析，还能够发现企业在薪酬待遇、绩效考核以及组织架构方面存在的问题。虽然员工的离职是个人行为，但其与企业可以说有着莫大的关系，没有哪个员工愿意离开一个各方面都令自己满意的企业，员工离职肯定是由于某一方面对企业的不满意，一个员工的不满意可能是其自身的问题，但许多员工的不满意就需要管理者从企业自身去找原因了。

离职申请书

姓　　名		编　　号	
部　　门		岗位名称	
到职日期		预定离职日期	
离职后职业			
事　　由			
部门意见			
人事部意见			
批　　示			
备　　注			

二、评估核心员工离职的影响

相比于普通员工，核心员工的离职对企业造成的影响要更大。核心员工通常在企业的核心部门及核心业务板块中承担着重要角色，不仅在企业内部具有一定影响力，在对外方面也发挥着重要作用。

与普通员工离职一样，对于核心员工的离职，管理者同样要首先对离职原因进行分析。在明确了离职原因之后，还要对核心员工离职对企业造成的影响进行分析。

核心员工对企业的发展起到了重要作用，而核心员工的离职也将会对企业造成更大的影响，对核心员工的离职进行评估，能够保障企业后续业务的发展，同时也能在一定程度上减少同类事情的发生。

一般来说，核心员工离职对企业产生的影响主要体现在两个方面，一是业务方面的影响，一是团队方面的影响。在业务方面，核心员工离职会直接影响到企业现有业务的正常运转。如果研发部门的核心员工离职，那么产品研发的进度就将受到影响。如果没有适当的人选来填补核心员工离职的空缺，这种影响还会更加严重。

在团队层面上，核心员工离职可能会引发其他员工的跟随。如果核心员工因为对企业存在不满情绪而肆意散播这种情绪的话，则会进一步恶化其离职所带来的影响。这样一来，企业上下人心惶惶，很可能引发大面积的员工离职现象。如果是团队负责人离职的话，还可能会引发团队成员集体离职的现象，这对企业发展的危害是巨大的。

对核心员工的离职评估要尽可能具体详细，这项工作并不仅仅是员工离职后的一种"亡羊补牢"，而是需要在员工在岗期间，或是岗位出现的同时就进行评估分析。例如对于市场部门的核心人员的评估应当在其在岗期间就着手进行，包括其项目的进度、客户的类型、人际交往情况等等，每一项数据越准确，后续核心员工离职所带来的风险就越小。

三、针对性制定解决方案

无论是员工离职动机分析，还是核心员工离职的影响评估，所有这些准备工作都是为了制定一个具有针对性的解决方案。通过对不同员工的离职动机进行分析，可以将员工分成不同的类别，针对不同类别的员工适当采取相应的措施，从而消解员工的离职意愿。对于核心员工离职可能带来的影响，也要提前制定相应的解决方案。

离职预警机制更多表现为一种事前的预防机制，前面所提到的三点内容即是离职预警机制建立的基础，也是监测离职预警机制的重要环节。建立一套体系严格的离职预警机制可以帮助企业摆脱因为员工突然离职所带来的不良影响，保障企业不会因为员工离职而陷入到被动局面之中。

构建企业的离职预警机制主要包括以下几方面内容：

首先，在组织架构方面，配置关键岗位的时候要注意人员配比的均衡，将核心岗位职能配置成甲、乙两个人员负责。这样一来，即使一个人员离职，也不会影响到整个业务板块的架构，从而保证企业业务发展的稳定。

其次，对于与企业有关的关键性资料进行及时备份整理。相比于企业所拥有的硬性资产，企业的软性资产价值显然要更高。但由于这些软性资产较为分散、容易复制，所以在管理方面容易出现很多问题，一旦出现资产外流，则会对企业造成巨大的影响。企业应当避免由单个员工对软性资产造成的垄断，而应将其所有权收归企业本身。

再次，加强企业文化的建设也是构建离职预警机制的一个重要环节。企业文化不仅可以提升企业员工对于企业的认可程度，还能够增强企业的凝聚力。企业员工尤其是核心员工对于企业的发展宗旨、业务方向和团队氛围都是十分看重的，这也使得企业文化建设成为了企业留住核心人才的一个重要基础。

最后，优化企业的绩效考核体系，建立完善的薪酬管理制度对于构建预警机制同样具有重要意义。公平是绩效考核体系的关键，而薪酬则具象表现为员工的个人价值。如果员工的个人价值在薪酬上没有得到应有的体现，员工自然会滋生不良的情绪，从而引发员工离职事件的发生。

在日益激烈的市场竞争中，每个企业都想要挖掘到高端人才，这也导致了企业的核心人才流动速度加快。作为企业的管理者，当企业核心人才的流动达到了某种程度的时候，就应当及时采取措施遏制这种现象继续恶化。建立完善的离职预警机制是企业管理者在进行离职管理过程中必须要重视的一项工作。

46. 如何裁员

引文：

　　在我的职业生涯中，亲身经历的企业裁员并不多，但对于企业裁员的管理我却十分关注。虽说商场如战场，但企业却并不应当成为兵营。作为人力资源部门的管理者，相比于强硬的政策手腕，我更喜欢具有人情味道的管理方法。

　　这不仅与我的职业经历有关，更是现代企业管理发展的一个新的趋势——人本思想体现在企业发展的各个领域，在企业管理方面自然也不例外。

而企业裁员管理，无论是从哪一角度来看，似乎都是一件"伤感情"的工作，这也使得很多企业在裁员管理方面没有形成一定的制度体系，而是更多依靠"人治"来管理企业的裁员问题。这样做不仅不会让企业变得更加和谐，很多时候还会对企业的发展造成一定的阻碍。

企业的裁员管理一定要形成专业规范的制度体系，与其他方面的管理制度一样，企业裁员管理对于企业的发展稳定至关重要。企业在发展过程中，由于内部或外部因素的影响，多会遇到裁员的问题，如何妥善解决裁员问题是每一个管理者都需要考虑的。

在中国的传统文化语境之中，"和为贵"是人际交往过程中的重要准则。而企业的人力资源管理工作，尤其是企业的裁员工作更是稍有不慎就容易引发企业和员工的矛盾，甚至还会引发劳资纠纷，最终对企业的发展造成诸多负面影响。

企业想要寻求更大的发展，精简机构是一项必然选择，所以无论是大公司还是小公司，裁员都是必须要面对的一项工作。对于员工来说，被裁员意味着失业，虽然能够获得一定的经济补偿，但失业带来的经济压力和心理压力对于员工来说更是一项沉重负担。这也就导致了被裁员工不满情绪的产生。

随着互联网媒体的普及，任何风吹草动都能够在网络上引发轩然大波。借助微博、微信等传播工具，裁员可能会带来让人意想不到的结果。在2004年联想大裁员期间，一篇由被裁员工所写的文章就在互联网上广泛传播，采用刚性裁员方式的联想公司不仅在企业形象上受到了冲击，在职员工的忠诚度也有所降低。

联想大裁员期间，整个过程高度保密，没有与员工进行事前沟通，离职面谈也只有20分钟，并且提出了一系列刚性措施要求被裁员工离开公司。这种方式在一定程度上放大了裁员本身的影响，反而将裁员问题扩大到了企业形象、企业文化的层面之上。

前面已经提到过，裁员对于大多数企业来说是很常见的一件事。从理论角度来讲，裁员又被称为经济性裁员，是因为用人单位的原因解除劳动合同的一种情形，是一种用人单位在法定的特定期间依法进行的集中辞退员工的行为，企业实行经济性裁员的目的更多是为了改善经营状况、精简人员结构。

企业的裁员管理首先要遵循劳动法规的要求，在我国《劳动合同法》中，第四十一条规定，有下列情形之一，需要裁减人员二十人以上或者裁减不足二十人但占企业职工总数百分之十以上，用人单位提前三十日向工会或者全体职工说明情况，听取工会或者职工的意见后，裁减人员方案经向劳动行政部门报告，可以裁减人员：

（一）依照企业破产法规定进行重整的；

（二）生产经营发生严重困难的；

（三）企业转产、重大技术革新或者经营方式调整，经变更劳动合同后，仍需要裁减人员的；

（四）其他因劳动合同订立时所依据的客观经济情况发生重大变化，致使劳动合同无法履行的。

裁减人员时，应当优先留用下列人员：

（一）与本单位订立较长期限的固定期限劳动合同的；

（二）与本单位订立无固定期限劳动合同的；

（三）家庭无其他就业人员，有需要抚养的老人或者未成年的。

用人单位依照本条第一款规定裁减人员，在六个月内重新招用人员的，应当通知被裁减的人员，并在同等条件下优先招用被裁减的人员。

一般情况下，上述法规条例是企业裁员的一个重要依据。在符合裁员基本要求的前提下，企业应该以自身实际情况来进行裁员安排。同时在裁员工作进行中，也要根据法规条例的规定来具体执行，不能出现逾越法律规定的裁员行为。

法律规定是对具体事实的高度概括，现实中企业面对的裁员情况显然要更为复杂，这就需要企业在遵循法律规定的基础上，再依据自身的实际情况来进行裁员安排。前面提到过刚性裁员的概念，与之相对的一个概念被称为柔性裁员，这也是我比较推荐的一种裁员方式。

刚性裁员是出于企业人力资源管理的需求，以非员工意愿的方式来单方面解除聘用合同，通过硬性方式让员工离职。柔性裁员则是公司在裁员前与员工做好事前的沟通工作，并与员工商定好相应的补偿措施，在双方达成一致意见之后，员工主动提出辞职申请后自动离职。在提倡"以人为本"的现代企业管理制度中，柔性裁员的应用要比刚性裁员多很多，在使用的效果上也要好很多。具体来说，柔性裁员主要包括以下几方面内容。

一、裁员前做足准备工作

裁员前的准备工作主要包括两方面的内容，一个是制定周密严格的裁员计划，另一个则是提前与被裁员工做好沟通。

裁员工作需要提前进行准备，制定周密的计划是其中的第一步。即使符合了法律所规定的裁员规定，企业管理者也不能随意做出裁员的决定。裁员应该是在广泛调研的基础上，根据企业的长远发展目标来确定的。

真正到了必须裁员的时刻，管理者需要提前做好相应的裁员计划，包括要缩减哪个部门的员工数量、如何确定具体的补偿方案，以及裁员计划是否能够顺利帮助企业度过困难时期。裁员计划制定得越详细，裁员工作就越容易进行，当裁员计划出炉之后，企业应当第一时间与员工进行细致的沟通。

离职通知书

部门		姓名		职位		编号	
已获准于 年 月 日离职，请依下列所载项目办理离职手续							
序号	应办事项			经办单位		经办人	扣款金额	
1	经办工作交接（业务人员应列清单）			部门			
2	退回有关职工证件等			行政部			
3	住宿人员办理退宿			^			
4	缴回制服、钥匙等			^			
5	缴回个人领用的文化用具			^			
6	缴回员工手册，办理退保退会，填写离职人员有关表格			人力资源部			
7	填写停薪单送会计科			^			
8	填人员变动登记表，取消插条、人员名册等			^			
9	审查上列事项			人力资源部			
10	有无欠账，有无财务未清事项			财务部			
11	发薪审核			会计主管			
1. 上述事项必须完全办理清楚，方可离职。 2. 财务科凭本单核发离职人员薪金后转回人事科存查。							

企业裁员的原因多种多样，但无论因为什么，被裁员工作为事件主体应当得到充分重视。企业在裁员时不能抱有淘汰落后员工的心态，而是应当让被裁员工认识到企业裁员的原因，从而让被裁员工能够在一定程度上从内心接受这种裁员的现实。

当然，与被裁员工协商沟通补偿方案是沟通环节的重要一点。现代企业裁员在沟通上可以采用的方式多种多样，但相比于越来越便捷的网络媒体，面对面沟通交流的价值显然要更高。

二、裁员过程的管控

在裁员过程中要对目标裁员对象进行调查，了解被裁员工的基本情况和家庭情况，能够为裁员工作提供系统的支持，保障裁员工作顺利进行，同时也能够为管理者进行裁员决策提供具体的依据和参考。

在裁员工作进行过程中，要注意过程的人性化，避免因为裁员工作为员工带来心理上的伤害。同时为员工提供一定的再就业指导，开拓他们的就业面，也是企业裁员应当考虑的一个方面。

三、做好裁员后的安抚工作

企业裁员工作实施期间，除了对被裁员工的安抚外，在岗员工的安抚工作也同样重要。相较于离岗员工，对在岗员工的安抚关系到企业发展的未来。

裁员除了对离职员工造成影响外，对在岗员工的心理也会造成一定的负面影响，在岗员工会产生恐惧心理，从而由于缺乏安全感而无法继续安心工作。所以，对于管理者来说，想办法消除在岗员工的内心焦虑，让他们继续安心工作是必须要重视的一个环节。

企业在进行裁员工作时，一定要事先严密计划，过程严格管控，后期用心安抚。只有综合把握好这三个方面的工作，才能保证企业裁员工作的顺利进行。随着中国经济的飞速发展，中国企业开始逐渐发展壮大，但在企业裁员管理方面却仍然没有给予足够的重视。相比于发达国家企业的成熟管理体系，中国企业在裁员管理方面还有很长的路要走。

47. 裁员面谈

引文：

裁员工作对于人力资源部门的管理者来说，无疑是一件最难处理的工作。与其他工作不同，裁员工作的难点并不在确定对象上，而是难在如何与裁员对象做好沟通上。在前面的小节中我讲到了自己对于裁员工作的一些看法，介绍了裁员工作的三个重要环节，但对于其中的关键内容却介绍得比较简略，所以在本节之中我将会详细介绍一下裁员工作中至关重要的一个关键内容——裁员面谈。

很多时候，裁员工作都是秘密进行的，一方面是为了维护企业内部的生产稳定，另一方面则是为了维持企业在市场中的良好形象。也正是由于这个原因，很多被裁员工往往在最后阶段才能了解到自己即将失业的现实，这一点对于任何人来说都是难以忍受的。

在前面的小节中，我们已经提到了裁员工作过程中与员工事前沟通的重要性，只有良好的沟通才能消解员工在内心中对离职的不满情绪，从而保障裁员工作的顺利进行。在与员工的沟通之中，裁员面谈是其中的关键程序和重要内容，顺利完成裁员面谈可以说是与员工达成沟通的一个重要环节。

裁员面谈工作所指的并不仅仅是在管理者和员工之间开展的一项谈话工作，与整个裁员工作一样，裁员面谈也是一项具体而系统的工作，其具体表现为下面几个方面。

一、充分的前期准备

裁员面谈也需要进行一定的前期准备，这方面的准备主要是为了让管理者尽可能详细地了解员工的个人情况。只有了解了员工的个人情况，才能够让面谈过程中的谈话更具针对性，同时这种方式也更能让员工接受。

裁员面谈前期的准备工作还包括整理员工的基本资料、绩效考核记录表，以及其他可以在面谈过程中需出示的文件或资料。这样可以在裁员面谈中做到有备无患，有理有据。

职员品行评定表

评定级别			NO
项 目	负面评价	评 语	指 导
迟到缺席	5 4 3 2 1		
缺欠干劲	5 4 3 2 1		
错误太多	5 4 3 2 1		
效率太低	5 4 3 2 1		
临阵脱逃	5 4 3 2 1		
容易发脾气	5 4 3 2 1		
容易攻击别人	5 4 3 2 1		
变得喜欢喝酒	5 4 3 2 1		
顾客的评语不好	5 4 3 2 1		
在金钱上有纠葛	5 4 3 2 1		
有花边新闻的传言	5 4 3 2 1		
受家庭问题而苦恼	5 4 3 2 1		

说明：评定级别为15分以下为A级；15~20分为B级；20~30分为C级；30~40分为D级；40~50分为E级；50分以上为F级。

二、面谈的地点和时间

裁员面谈的时间和地点需要正确选择，在时间上，大多数企业喜欢在周五的下午安排离职面谈工作，而在我看来是十分不妥的。大多数管理者认为在周末前一天安排裁员面谈想要让离职员工在周末时间可以有一个缓冲的时期，但实际上这种想法却恰恰会起到相反的作用。很多员工会将离职情绪带到家中，从而造成更大范围的负面影响。

我一般将裁员面谈的时间选定在每周的第一天，利用周一时间进行裁员面谈，错开周末和节假日假期，如果再细心一些，在针对不同员工时，应尽量错开员工的生日时间进行离职面谈。这样一来，一方面可以防止员工将离职的负面情绪带回到自己的生活之中，另一方面，在一周开始进行裁员面谈，可以为员工安排出较长时间来寻找新的工作。

除了在时间方面，管理者需要认真安排外，在裁员面谈的地点方面也应当进行适当安排。经理办公室和人力资源办公室自然不是一个好的选择，那里紧张严肃的气氛会让面谈的双方在心理上都产生一种压迫感。

选择一个清净明亮的地方开展裁员面谈是一个不错的选择，宽阔空间可以降低人身处其中的压迫感，清净明亮的环境也能够更好地引发员工的良好情绪。如果将裁员面谈的地点限制在企业内部的话，宽敞的会议室会是一个不错的选择。

除了时间和地点的选择外，面谈时间的长短也需要进行严格控制。由于被裁员工在裁员面谈中可能第一次知道自己被裁员的现实，所以很可能会出现情绪失控的局面，从而导致面谈陷入到一种长时间的僵持之中。这时，作为管理者的另一方就要合理控制面谈的时间，尽量将时间控制在 20 分钟之内，在将具体信息介绍完成之后就结束面谈最好。如果后续员工再有疑问，即使单独再安排面谈，也不能让一次面谈的时间持续太长。

三、面谈过程中的必要内容

在面谈过程中，企业管理者应当与员工保持平等对话，注意言辞语气和谈话的态度，同时也要尽量包容员工在情绪方面出现的失控现象。陈述裁员理由是管理者必须要首先讲明的一个问题，应针对不同的原因，与员工合理展开对话。

如果因为整体市场环境的衰败导致企业经营困难，必须要通过裁撤多余部门进行调整的，那就要和员工强调裁员的原因在市场方面，而并不是因为员工自己的工作表现问题，这一点一定要向员工强调清楚。即使确是因为员工在工作能力方面出现了一定的问题，作为管理者也应该善意对员工加以鼓励，从而使得其能够继续拥有信心。

沟通赔偿内容也是裁员面谈的一个重要环节，这一点员工方面可以根据自身条件以及离职为自己带来的影响来提出合理的预期补偿。当然，最终的补偿标准是企业根据自身裁员管理办法的规定来安排的。面谈负责人需要仔细向员工介绍离职补偿的各种方式，保障员工在离职之后能够得到合理的补偿。

在裁员面谈中，面谈的负责人要充分与员工交换意见，不要以为企业员工离职之后对企业就再无作用了。面谈负责人应当仔细聆听员工的反馈，从反馈结果之中认真总结员工的回答。而在面谈过程中，针对出现的员工哭啼、吵闹的现象，面谈负责人应当针对实际情况，在换位思考的基础上妥善处理。

最后，在裁员面谈之中，面谈负责人可以针对员工提出的要求给予适当的满足，但面谈负责人要避免承诺一些做不到的事情，包括为员工介绍新的工作机会，或者提供其他的岗位选择等等。这样做可以防止引发后续更大的矛盾，从而将裁员问题扩大化。

四、安排离职前的工作交接

在裁员面谈中，除了告知员工裁员原因、沟通补偿事宜之后，安排员工在离职前的工作交接流程也是十分重要的。在这里，我所认为的工作交接流程可能与其他人有所不同，或者说在内容和范围上要更宽广一些。我所说的离职流程不仅指离职员工将自己的工作交接给其他在岗员工，还指离职员工自身在离职后的一些流程安排。

员工离职移交手续清单

离职人	职别		姓名		离职事由		单位	记事	主管签章
移交物品文件	由直属主管指定： 1. 2. 3. 4. 5. 6. 7. 签章：					会签单位	总务科		
							人事科		
							仓库		
							工具室		
							伙食		
							会计室		
							服务单位		
							警卫室		
接交人						说明	1. 各单位对离职人员的离职手续请予即刻办理。 2. 本单办妥后交警卫室收回后交回人事室。		

这一点，在裁员面谈之中，面谈负责人可以为被辞退的员工策划一个未来的离职流程安排，包括离职之后的发展方向规划等。当然，这里所说的规划更多是出于一种建议性质，而并非承诺，与前面提到的承诺事项并不能等同。

如果一个企业将被辞退的员工当作包袱一样扔到一边就不管不顾的话，那么这个企业对待自身客户的态度也不会有多好。一个负责任的企业不仅要对自己的产品和客户负责，更要对自己的员工负责，这样才能在企业内部形成一种凝聚力，从而构建起经久不衰的企业文化。

裁员面谈作为企业裁员管理工作中的一个重要环节，正是企业责任和担当的重要表现。只有做好了裁员面谈工作，企业的裁员管理才能够走上正常的轨道，一个能够做好裁员面谈的管理者一定是一个优秀的管理者。

48. 离职事件的应对

引文：

  以我个人的印象来看，在2015年之后，需要处理的离职事件便多了起来，不仅数量上出现了增长，在样式上也花样繁多，无论是离职理由还是离职方式都呈现出了一种"百花齐放"的局面。

  作为人力资源从业者，对于这方面的内容总是特别关注，而我更是从众多经历中总结出了一个相对全面的离职事件的应对套路。事实证明，这些方法在日后的工作之中对我起到了很大的帮助。

企业员工的离职从类型上来说主要有两种，一种是主动型离职，一种是被动型离职。其中被动型离职主要是指离职决定并非由员工自己做出，下决策的主要是企业，像前面我们提到的裁员，在后面我们还会讲到辞退和开除员工的内容。

主动型离职则是指离职决策由员工自己做出，具体表现为某位员工因为想要去全世界看看，所以主动向公司提出离职请求的行为。

正如其名称所表述的一样，主动型离职中员工掌握着主动权，而被动型离职的主动权则掌握在企业手中。这样如果从企业管理者的角度来说，被动型离职对于企业的影响是可控的，但主动型离职对于企业的影响在很多时候却是不可控的，这也就要求企业管理者在面对员工主动型离职时采取一定的措施来减少其对公司产生的影响。

事实上，员工主动离职对于企业的影响是非常大的。企业为什么会如此重视人才资源，为什么会不惜重金留住人才，主要就是因为人才能够为企业创造巨大的价值。如果人才流失过多，企业的发展势必会受到较大影响。一般情况下，主动型离职的员工中能够为企业创造价值的人才数量要远高于被动型离职的人才。

在前面我们介绍过员工的离职预警机制，这一机制对于员工离职具有很好的防范作用。但从实际的人力资源管理工作中可以看到，虽然适当的企业离职管理可以减少企业员工的离职率，但想要完全降低企业员工的离职率却是并不容易的。

虽然企业可以通过提高员工的薪酬待遇，为员工提供更好的发展平台来满足企业对于自身发展的预期，但随着员工个人能力的提高，这种预期只会越来越高，如果市场上出现了更好的能够满足企业员工发展预期的平台，员工离职的问题仍然会不断出现。

所以，在面对员工离职问题的时候，企业管理者应当以一种更为开放的态度来对待。人才确实是市场竞争的关键，但企业是否能够留住人才在很多时候还取决于市场的整体情况。既然无法全面预防员工的离职问题，就只能从做好员工离职事件的应对方面着手进行管理了。

在企业的离职管理之中，应对员工主动离职对公司发展带来的影响也是一个重点内容。一方面，企业应当将员工的主动离职视为一种市场人力资源配置的体现，虽然对企业存在着不利影响，但很多时候也能够起到促进企业人力资源结构优化的作用。另一方面，企业员工主动离职可以为企业的人力资源管理工作提供更多可以借鉴的经验，从而帮助管理者制定出更为完善的企业员工离职应对措施，更好地对企业员工离职时间进行处理。

在我的职业生涯中，员工离职的类型可谓是多种多样，但从某一角度具体归类的话，具体而言员工主动离职为企业所带来的影响主要表现为三个主要方面。下面主要围绕这三个方面的影响，介绍一下主要的应对措施。

一、核心技术的泄露

企业员工主动离职为企业带来的第一个显著影响主要表现在企业核心技术的泄露方面。如果企业中核心技术部门员工出现主动离职现象，就很容易将企业的关键技术带走，这些员工在离职后会成为市场争抢的重点，其原因就在于他们手中所掌握的核心技术。

保密制度

第一章　总则

第一条　为了维护公司利益，特制订本规定，公司全体员工必须严格遵守。

第二条　秘密分为三等级：绝密、机密、密。

第二章　细则

第三条　严守秘密，不得以任何方式向公司内外无关人员散布、泄露公司机密或涉及公司机密。

第四条　不得向其他公司员工窥探、过问非本人工作职责内的公司机密。

第五条　严格遵守文件（包括传真、计算机盘片）登记和保密制度。秘密文件存放在有保密设施的文件柜内，计算机中的秘密文件必须要设置口令，并将口令报告给公司总经理。不准带机密文件到与工作无关的场所。不得在公共场所谈论秘密事项和交接秘密文件。

第六条　严格遵守秘密文件、资料、档案的借用管理制度。如需借用秘密文件、资料、档案，须经总经理批准。并按规定办理借用登记手续。

第七条　秘密文件、资料不准私自翻印、复印、摘录和外传。因工作需要翻印、复制时，应按有关规定经办公室批准后办理。复制件应按照文件、资料的密级规定管理。不得在公开发表的文章中引用秘密文件和资料。

第八条　会议工作人员不得随意传播会议内容，特别是涉及人事、机构以及有争议的问题。会议记录（或录音）要集中管理，未经办公室批准不得外借。

第九条　调职、离职时，必须将自己经管的秘密文件或其他东西，交至公司总经理，切不可随意移交给其他人员。

第十条　公司员工离开办公室时，必须将文件放入抽屉和文件柜中。

第三章　责任

第十一条　发现失密、泄密现象，要及时报告，认真处理。对失密、泄密者，给予 50~100 元扣薪；视情节轻重，给予一定行政处分；造成公司严重损失的，送有关机关处理。

现阶段，大多数企业在解决这一问题时主要是采取签订竞业禁止协定的方式。其是指企业的职工在其任职期间不得兼职于竞争公司或者兼营竞争性业务，在离职之后的一段时期或者地区内也不得从业于竞争公司或者进行一些竞争性的营业活动。作为一种未雨绸缪的法律手段，签订竞业协议在很大程度上能够保护企业的商业秘密和核心技术不被侵犯，从而将员工离职在这方面的影响也降到了最低。

但这种方式并不是十全十美的，如果离职员工想要泄露自身所掌握的核心技术，仍然可以通过其他途径进行，从而逃避竞业禁止协定的约束。所以，企业在核心技术保护方面应采取更进一步的措施。

这里企业可以将技术研发交给一个团队来具体执行，虽然团队中存在着管理级别的划分，但在技术应用方面每一个人都要共同参与，从而使得一项核心技术的不同部分由不同的人掌握，这样可以避免一个人手握核心技术而成为威胁企业技术安全的隐患。

二、客户资源的流失

除了技术人员之外，销售人员的离职也会对企业造成一定的影响。由于销售人员经常会与企业的目标客户打交道，并与客户保持密切联系，从而会积累大量的客户资源。当这些销售人员离职之后，其所掌握的客户资源也会相应流失。更多情况下，这些客户资源会落入到竞争对手手中，这对企业的影响是十分严重的。

为了防止客户资源随着销售人员离职而出现流失，企业需要从几个不同的方面采取措施加以应对。首先，打造企业品牌是一个关键环节，企业要让销售人员在销售过程中将自身的品牌植入到消费者心中，最终消费者购买企业的产品并不是因为与销售人员的关系较好，而是看重了企业的品牌和产品。企业需要让消费者更多地信赖企业的品牌，而不是企业的个别销售人员。

其次，建立企业的客户资源数据库对于保护客户资源具有重要的作用。这种方式可以将销售人员手中的客户资源集中在公司的管理之下，所有销售人员可以共享客户资源，同时这些客户资源也将成为公司的公共资源。

三、核心职位的空缺

企业员工离职的一个最显见结果就是企业岗位的空缺，如果是核心员工的离职，这一问题就会显现得更加明显。解决这一问题就要首先做好人力资源的规划工作，对于不同岗位尤其是关键岗位实行储备制度,在平时的人力资源管理工作中就要注意对岗位人才的培养。另外,在企业的人力资源管理中应当配备备用人才,假设一个岗位员工离开之后,其他岗位的员工可以立刻顶替其工作,而不需要经过长时间的培训。

四、部门集体离职问题

在大多数组织架构复杂的企业中都会出现这一问题。相比于对企业的认同,多数员工对部门领导的认同感更高,这便容易导致部门领导离职之后一大批下层员工会跟随而去,从而出现整个部门集体离职的问题。发生这一问题,很容易造成企业业务的瘫痪,严重时还会造成企业运转失灵的现象。

虽然这一问题对企业的影响最为广泛,但实际发生的概率并不高,即使发生出现大面积或者全体部门员工离职的情况也是较为少见的。在应对这一问题时,企业在人才选拔时就应当注意不同员工的个人背景,在企业发展过程中,更多引导员工向企业文化看齐,而不是仅仅将眼光局限在部门内部。只有在企业和员工之间架设起一条结实的连线,才能增强员工对企业的认同感。

对于员工的主动离职,企业管理者既不能强行阻挠也不可听之任之。员工有自主选择职业发展平台的权利,企业可以通过提高薪资待遇等方式来与员工协商解决离职的问题,但却不能通过强制手段阻止员工的离职行为。

当然,企业管理者也不能眼看着员工的主动离职问题愈演愈烈,而应当在具体的实践中总结员工离职的原因,在进行系统分析之后制定相应的应对举措,从而防止继续出现同一类型的员工离职事件。如果一个技术人员带着核心技术离开了企业是偶然事件的话,那么再有技术人员带着核心技术离开企业就是企业人力资源管理者的责任了。

49. 开除员工的问题

引文:

都说"技多不压身",当在一个行业工作久了之后会发现这句话确实是个真理。拿我所在的人力资源行业来说,懂得一些人力资源管理方面的知识是远远不够的。想要了解国外先进的管理制度，外语能力首先是必不可少的，同时将国内外企业对比，还要具备一定的分析能力。

不仅在能力上要求多种多样，很多时候，你还需要了解许多跨专业的知识。同样是人力资源管理工作，除了本专业必备的知识储备外，相应的法律知识也是从业者必须具备的知识能力。尤其是在企业的离职管理方面，因为涉及劳动关系的问题，所以拥有相应的法律知识成为了人力资源管理者的一个必备条件。

在外人看来，一个企业的管理者要开除员工似乎是件极为容易的事情。但实际上，对于大多数企业管理者来说，开除员工恰恰是一件最为难办的事情，尤其是对于那些初创公司来说。相比于组织结构复杂的大公司，初创公司在开除员工时往往需要管理者亲自出马，而由于初创公司在企业制度方面的不完善，也会使得开除员工在制度条件和理由方面有所欠缺。

很多初创公司在开除员工问题上表现得畏首畏尾，更多初创公司为了维护自身发展的稳定更是尽力避免出现开除员工的问题。这些做法所引发的就是员工不断犯错而得不到纠正，最后影响到整个企业的发展。

开除员工在很多时候并不是一个态度问题，并不是说企业管理者只要狠下心来就够了的。要正确处理开除员工这件事情需做好几个环节的工作。对于管理者来说，只有做好了这些方面的工作，才能保证开除员工工作的圆满完成。

在介绍这些重要环节之前，我们仍然需要首先从法律的角度去了解一下与开除员工有关的一些问题。

在《劳动合同法》中列举了几种可以解除劳动合同关系的具体情况。其中，第三十六条规定用人单位在与劳动者协商一致的情况下，可以解除劳动合同。第三十九条规定劳动者有下列情形之一的，用人单位可以解除劳动合同：

（一）在试用期间被证明不符合录用条件的；

（二）严重违反用人单位的规章制度的；

（三）严重失职、营私舞弊，给用人单位造成重大损害的；

（四）劳动者同时与其他用人单位建立劳动关系，对完成本单位的工作任务造成严重影响，或者经用人单位提出，拒不改正的；

（五）因本法第二十六条第一款第一项规定的情形致使劳动合同无效的；

（六）被依法追究刑事责任的。

第四十条规定有下列情形之一的，用人单位提前三十日以书面形式通知劳动者本人或者额外支付劳动者一个月工资后，可以解除劳动合同：

（一）劳动者患病或者非因工负伤，在规定的医疗期满后不能从事原工作，也不能从事由用人单位另行安排的工作的；

（二）劳动者不能胜任工作，经过培训或者调整工作岗位，仍不能胜任工作的；

（三）劳动合同订立时所依据的客观情况发生重大变化，致使劳动合同无法履行，经用人单位与劳动者协商，未能就变更劳动合同内容达成协议的。

这些《劳动合同法》中所列举到的解除劳动合同的情况是企业行事的基础，如果想要开除有问题的员工，也要依据上述法律条文中的内容。在前面的小节中我也提到，法律条文更多是对现实实际情况的高度总结和概括，所以在具体行事之中，企业还是要依靠具体情况来进行，法律条文只起到基础和辅助的作用。

在了解了相应法律条文规定的情况之后，就要具体到企业内部的行事流程之上了。下面主要介绍一下前面所提到的企业开除员工需要具备的几个流程内容。

一、充分的法律法规依据

企业在开除员工时，一定要根据国家的相关法律法规政策和内部章程制度的规定来进行，这是企业开展开除员工工作的基础和关键。企业开除员工必须要在合乎法律规定的条件下进行，即使员工自身存在着诸多问题，如果没有违反相关《劳动合同法》中劳动双方解除劳动合同规定的内容，用人单位也不能单方面解除与员工的劳动关系。

如果企业强行与员工解除劳动合同关系，而并没有相关法律作为基础和依据，那么企业所进行的开除员工的行为就属于一种非法行为。作为员工，可以提请仲裁机关对企业的行为进行仲裁，依法维护自身的合法权益。

二、完善的规章制度体系

除了要以法律法规内容为基础外，企业开除员工时还需要按照现有的企业内部规章制度来进行。不能因为管理者看不上某位员工，而以莫须有的理由开除员工。

在这里，就涉及了一个企业内部规章制度和国家的法律法规内容之间的关系。正如上面介绍的法条内容所述，只有在员工具备了这些情况之后，企业才能够依法解除与劳动者的合同关系。这就使得企业在制定内部规章制度，尤其是涉及解除劳动合同关系的相关规定时，一定要按照法律法规的内容进行制定。

举个例子来说，在《劳动合同法》第四十条中列举了三种解除劳动合同的情况，这时作为企业管理者在制定企业内部规章制度的时候，就要对这些内容进行叙述，甚至对这些内容的具体情况在企业规章制度中进行明示。

比如"劳动者不能胜任工作，经过培训或者调整工作岗位，仍不能胜任工作的"这种情况，企业可以在内部规章制度中直接标明具体情况，包括什么情况下劳动者会被认为是不能胜任工作。在不能胜任工作之后，劳动者将会获得怎样的培训和多少次调整岗位的机会。将这些内容清楚明晰地记录在规章制度中，能够减少在开除员工过程中出现的因为定义不清而造成的矛盾问题。

同时，企业所指定的规章制度能够产生法律约束作用的前提是员工在入职之前已经阅读过这些文件的内容，并且已经在相应的文字上签字确认。如果企业在开除员工的时候拿出了一份员工并没有看过的规章制度文件，其中并没有员工亲笔签字的话，那么这些规章制度也是不能作为开除员工的法律依据的。而那些依靠口耳相传的公司规定更无法成为开除员工的法律依据。

三、明晰的行事程序流程

当法律层面上的条件都已经满足之后，企业管理者还需要制定一个完善规范的开除员工办事流程。具体来说，当企业管理者确定要开除一个员工时，究竟采取怎样的形式去通知员工、提前多长时间去通知员工、是否需要将这一信息送给工会，这些都是企业开除员工所要涉及的流程问题。

一般来说，企业在开除员工时要提前采取书面形式进行通知，提前通知可以让员工有充分的时间寻找其他工作，同时也能够有时间让员工将自己手头的工作交接给他人。这样做对企业和员工个人都有一定的好处，但这种通知的时间并不适合拖得太长，毕竟是开除员工的问题，尽快完成以免发生其他方面的问题。

在开除员工这个问题上，之所以需要按照严格的程序来进行，主要也是为了确保其符合法律的相关规定。如果一个企业在开除员工问题上经常由领导拍脑门进行决定，员工有一件工作没有顺利完成，第二天领导就下达了开除员工指令的话，这种行为就很容易被认为在程序上存在违法。即使员工确实违反了企业的规章制度关于解除劳动关系方面的要求，在具体的开除员工问题上也要遵循一定的流程去进行。

一般来说，在开除员工问题上，企业需要注意的主要是法律方面的相关规定，同时结合企业自身的内部章程。对于那些薪资待遇较高、工作要求比较细致的企业，可能在规章制度上也更加严格，但只要提前对员工进行明示，获得员工的确认后，企业便可以依照自身的规章制度规定来对不合格的问题员工进行开除了。

员工辞退（辞职）通知书

填表日期：

姓　名		部　门		职　务	
到职日期	年　月　日	离职日期	年　月　日	工　资	
辞退（辞职）原　因					
上级主管意见					签字：
人事主管意见					签字：
人事副总裁意见					签字：

注：此通知书一式三份，个人、上级主管、人事部门各一份

但从现代人本管理角度来考虑，企业应当以一种严谨的态度来进行开除员工的工作，同时也应适当站在员工的角度进行思考，从而更好地解决开除员工的问题。